I Adrodd yr H...

51 o Ganeuon Meic Stevens
gyda cherddoriaeth

Cofnodi: Lyn Ebenezer
Cerddoriaeth: Brian Breeze
Discograffeg: Gary Melville

Argraffiad cyntaf: Tachwedd 1993

ⓗ *testun Gwasg Carreg Gwalch*
Nodir hawlfraint y caneuon yn y Discograffeg.

*Ni chaniateir defnyddio unrhyw ran/rannau
o'r llyfr hwn mewn unrhyw fodd
(ar wahân at ddiben adolygu)
heb ganiatâd yr hawlfraint yn gyntaf.*

*Rhif Llyfr Safonol Rhyngwladol:
0-86381-273-2*

Llun clawr: Dennis Larcombe

*Dymuna'r Cyhoeddwyr gydnabod cymorth
Adran Olygyddol y Cyngor Llyfrau Cymraeg.*

*Argraffwyd a chyhoeddwyd gan Wasg Carreg Gwalch,
Capel Garmon, Llanrwst, Gwynedd.
☎ Betws-y-coed (0690) 710261*

Diolch

— i Lyn Ebenezer am y syniad gwreiddiol ac am gofnodi'r hanes y tu ôl i'r caneuon
— i Brian Breeze am ei waith yn gosod y gerddoriaeth
— i Gari Melville am lafurio gyda'r Discograffeg
— i nifer o gyfeillion am fenthyca lluniau: Lyn Ebenezer, Heather Jones, Huw Aled, Emyr Rhys Williams, Gerallt Llywelyn, Gari Melville, Cwmni Sain, Meic Stevens a Dennis Larcombe am y llun clawr
— i Meic ei hunan
— i'r Dr Meredydd Evans am y cyflwyniad
— i Ann Morris o Gwmni Sain am godi geiriau nifer o'r caneuon oddi ar dâpiau
— i Gwmni Sain am roi caniatâd inni gyhoeddi'r caneuon y maent hwy yn dal yr hawlfraint arnynt

Cyflwynaf y casgliad
i'r plant:
Wizz, Bethan, Erwan, Elfed, Megan
a Brynach

ac i'w plant hwythau:
Mathew, Laura, Morgan a Didi

NODYN

Mae'r caneuon hyn wedi eu pitsio i weddu amrediad fy llais personol i. Dyna sydd wedi penderfynu ym mha gywair y maent wedi'u cofnodi. Ar ben hynny, tra'n cyfansoddi'r gerddoriaeth, byddwn yn creu trefniant ar gyfer cyfeiliant gyda'r gitâr. Fel rheol, trefniant drwy fyseddu'r tannau fyddai hwnnw gan fod dilyniant o gordiau agored fel G. E. A. D mwyaf yn fwy addas ar gyfer byseddu, byddwn yn defnyddio capo-dastro ac yn chwarae'r cyweiriau hyn uwchben y capo. Dyna pam, er enghraifft, pam fod 'Cân Walter' wedi'i chapoio yn yr wythfed ffret ac yn cael ei chwarae yng nghywair G. Byddwch hefyd yn sylwi fod y tôn yn llawer cliriach ac yn debyg i sŵn tannau telyn.

Cynnwys

Cyflwyniad — Meredydd Evans 5
Y CANEUON
1. Tryweryn 6
2. Yr Eryr a'r Golomen 8
3. Cân Walter 10
4. Ddaeth Neb yn Ôl 12
5. Merch o'r Ffatri Wlân 14
6. Gwely Gwag 16
7. Bobby Sands 18
8. Môr o Gariad 20
9. Erwan 22
10. Timothy Davey 24
11. John Burnett 26
12. Sandoz yn Loudon Square 28
13. Cyllell Drwy'r Galon 30
14. Y Paentiwr Coch 32
15. Victor 36
16. Dic Penderyn 38
17. Rue St Michel 40
18. Mae'r Nos Wedi Dod i Ben 42
19. Ysbryd Solfa 44
20. Yr Incredibyl Seicedelic Siliseibyn Trip i Grymych 46
21. Tywyllwch 48
22. Er Cof am Blant y Cwm 50
23. Yr Eglwys ar y Cei 52
24. Sylvia 54
25. Dociau Llwyd Caerdydd 56
26. Mynd i Ffwrdd Fel Hyn 58
27. Noson Oer Nadolig 60
28. Llygaid Llwyd 62
29. Hiraeth Bregus 64
30. Cathy (Bibopalwla'r Delyn Aur) 66
31. Whare'n Noeth 68
32. Ar y Mynydd 70
33. Gwenllian 72
34. Cwm Llwm 74
35. Tân neu Haf 76
36. Lawr ar y Gwaelod 78
37. Cegin Dawdd y Cythraul 80
38. Brenin y Nos 82
39. Douarnenez 84
40. Saith Seren 86
41. Joshua 88
42. Y Clown 90
43. Diwedd y Gân 92
44. Arglwydd Penrhyn 94
45. Perygl yn y Fro 96
46. Yfory y Plant 98
47. Capel Bronwen 100
48. Lapis Lazuli 102
49. Angau Opera Ffug y Clôn 104
50. Y Crwydryn a Mi 106
51. Traeth Anobaith 108
Discograffeg 111
Lluniau'r Cordiau Gitâr 126

Meic

Ruth Price a'm cyflwynodd i gyntaf i Meic Stevens. Ar unwaith mi wyddwn fy mod yn cyfarfod â pherson anghyffredin. Ar y pryd roedd ei wisg yn anghyffredin, yn arbennig y clogyn a'r het gantel-lydan ddu, a phan ddechreuodd ganu 'wyddwn i ddim yn iawn sut i ymateb i'r cyfan. Rhywsut neu'i gilydd 'doedd y brawd hwn ddim yn rhan o'r patrwm stiwdiöaidd arferol.

Dros y blynyddoedd cadarnhawyd yr argraff honno dro ar ôl tro. Fe'i dyfnhawyd hefyd. Yn un peth roedd ei fedr offerynnol yn ei osod ar wahân. Yn y Gymru oedd ohoni ar y pryd, ym maes adloniant, dof a diniwed ryfeddol oedd y cyfeiliannau gitâr a glywid ar bob llaw. Gan ddilyn yr hen draddodiad Cymreig o lunio trioedd nid oedd i'w gael ond tri chord yn seinio'n feddal, unffurf! Ond dyma hwn gyda'i gitâr ddeuddeg durdant yn dod â gloywder sain, amrywiaeth dilyniant a byseddu hefyd, oedd yn peri i ddyn foeli'i glustiau yn y fan a'r lle. Ac yn cyd-fynd â'r cyfeilio soniarus hwn roedd llais nad oedd ei debyg i'w gael ymysg perffomwyr Cymreig y cyfnod, yn gyfuniad o graster grymus a thynerwch rhyfedd. Gyda hynny roedd ei frawddegu yn dra gwahanol i'r cyffredin ac yn gwrthdaro'n ffyrnig ar brydiau â rheoleidd-dra y cyfeiliant, ond yn ddieithriad yn effeithiol, yn gafael.

Eithr mwy anghyffredin hyd yn oed na'i nodweddion fel perfformiwr oedd ei ddawn fel cyfansoddwr. Gyda'r caneuon cyntaf y cofiaf Meic yn eu cyflwyno oedd 'Yr eryr a'r golomen' a 'Cân Walter' ac er y gwyddwn mai cyfieithiad oedd geiriau'r gyntaf o'r ddwy ni allai fod amheuaeth na pherthynai rhyw gryfder o fath arbennig i'r fersiwn Saesneg wreiddiol. Am yr ail, roedd honno mor syml ac uniongyrchol fel bod dyn yn gwybod fod iddi wreiddiau mewn profiad gwirioneddol. Mynnent aros yn y cof ac yn wir mae gennyf fras afael arnynt hyd y dydd heddiw.

Dyma ddod â ni, felly, at y casgliad arbennig hwn o ganeuon ac union gymwys yw'r ffaith ei fod yn cynnwys 51 o gyfansoddiadau. Gydag unrhyw greadur cyffredin fe ddisgwyliech 50 crwn o ganeuon ond nid felly gyda'r trwbadŵr o Solfach (y lle, gyda llaw, sy'n gymaint rhan ohono). Soniais eisoes am rymuster geiriau a dilysrwydd profiad mewn cysylltiad â dwy o'i ganeuon: rhaid ychwanegu yrŵan bod y nodweddion hynny yn perthyn yn gyffredinol i'w waith. Nid ei fod yn ymboeni ynglŷn â rheolau gramadeg ond fe ŵyr yn ddigamsyniol sut i ddefnyddio iaith er mwyn cyffwrdd i'r byw, ar brydiau, â'i wrandawyr. Ac y mae perthynas fywiol rhwng ei ganeuon a'i fywyd. Yn wir gellir dweud amdano mai ei ganu yw ei fywyd, i raddau pell. Syniad campus oedd llunio nodiadau cefndir i'r cyfan.

Fe gofia'r cyfarwydd am 'y Brawd Houdini' y bu Meic a Heather a Geraint yn cael y fath hwyl ar ganu amdano. Roedd hwnnw, yn ei faes ei hun, yn ddewin anghyffredin. Mae dewin yr un mor anghyffredin, ym maes canu poblogaidd Cymru, tu ôl i'r casgliad hwn.

Meredydd Evans

Tryweryn

(Capo ar yr wythfed ffret — chwarae fel A leiaf yn agored)

1. Tryweryn

Mae'r blodau yn yr ardd yn hardd;
mae rhosyn ger y drws yn dlws;
ond nid yw'r blodau'n tyfu nawr
mewn pridd o dan y creigiau mawr.

Dŵr oer sy'n cysgu yn Nhryweryn;
dŵr oer sy'n cysgu yn Nhryweryn.

Mae'r dŵr uwchben fy nhŷ yn ddu,
mae'r pysgod yn y llyn yn wyn,
ond nid yw'r blodau'n tyfu nawr
mewn tŷ o dan y creigiau mawr.

Dŵr oer sy'n cysgu yn Nhryweryn;
dŵr oer sy'n cysgu yn Nhryweryn.

Mae'r blodau'n tyfu'n hardd;
mae'r dail yn cwympo i lawr;
mae'r bobl wedi mynd;
mae'r blodau ar y llawr.

Dŵr oer sy'n cysgu yn Nhryweryn;
dŵr oer sy'n cysgu yn Nhryweryn;
dŵr oer sy'n cysgu yn Nhryweryn.

Cân 1 a 2

TRYWERYN/ YR ERYR A'R GOLOMEN

Ma' cysylltiad agos rhwng y ddwy gân 'ma. Yn un peth ma'r ddwy ar y record Gymrâg gynta wnes i ar ôl dod 'nôl o Fanceinion tua 1965-6. O'n i wedi neud record Saesneg i Decca, *Did I Dream?*. O'n i wedi bod wrthi'n teithio clybie gwerin o Lunden i Newcastle, bob man ar draws Pryden yn canu stwff Saesneg pobol erill, stwff traddodiadol a stwff 'yn hunan.

O'n i ddim yn styried 'yn hunan fel canwr protest bryd 'ny ond fe es i i'r BBC â'r demo tape — ma'r tâp ar goll nawr — ac ar y demo odd fersiwn gwreiddiol Saesneg o'r 'Eryr a'r Golomen', o dan y teitl *'The Vulture and the Dove'*. Odd Hywel Gwynfryn newydd ymuno â'r BBC ac fe roes i'r demo iddo fe ac wnâth e gyfieithu'r gân i fi. Honno odd asgwrn cefen y record Gymrâg gynta i fi neud. Fe recordes i honno ac 'Ond dof yn Ôl' ar yr ochor gynta ac wedyn sgrifennu dwy gân i'r B side, 'Tryweryn' a 'Ble mae'r Bore?'. Mae'n beth od, ond yn Lloeger, tra odd pobol yn recordo sengle, rodd pobol yng Nghymru yn recordo EPs.

Fe ddigwyddodd busnes Tryweryn tua'r un adeg a ddes i'n ôl o Fanceinion. O'n i'n gwbod fawr ddim am y peth am nad odd e'n câl lot o sylw lan fan'ny. Ond o'n i'n gwbod yn dda am y ffordd odd yr iaith wedi mynd lawr yn ardal Solfa. O'n i'n mynd adre'n amal ac yn gweld hynny. Odd lot o Gymrâg yn Solfa pan o'n i'n blentyn a ddim lot o Saeson wedi symud miwn. Ond odd yr hen bobol yn marw a phobol ddierth yn dod yn 'u lle nhw. Ma'r Cymry wedi bod yn enwog eriôd am 'u croeso ac ma' hynny'n gwitho yn 'u herbyn nhw. 'Tryweryn' odd y gân gynta eriôd i fi sgrifennu yn Gymrâg.

Ma' 'Yr Eryr a'r Golomen' yn gân yn erbyn rhyfel. Ond ma' pawb yn meddwl ma' cân am ryfel Fietnam yw hi. Ond na, er bod cyfeiriad at Fietnam ynddi, cân am y Rhyfel Whech Dwrnod — y *Six Day War* — rhwng Israel a'r Aifft yw hi.

Caneuon protest cyffredinol o'n i wedi bod yn sgrifennu hyd y cyfnod 'na. Cyffredinoli o'n i. Ond o hynny 'mlân fe ddechreues i sgrifennu am bwncie arbennig.

7

Yr Eryr a'r Golomen

2. Yr Eryr a'r Golomen

Ar draws y dyffryn, mi glywaf grawc y frân,
er 'mod i'n ifanc, mi losgir yn y tân,
mae'r eryr uwch fy mhen yn hofran yn y gwynt
mae'r gwaed yn caledu, marwolaeth ddaw ynghynt,
marwolaeth ddaw ynghynt.
Oes mae 'na eryr a cholomen ddof,
ond mae 'na drais a cham cyn cof.

Addysg prifysgol, does gen i ddim, mae'n wir,
ond dysgais ormod am fywyd, dyna'r gwir.
Does neb yn malio dim ond sefyll ar ei draed
ac eto, yn Fietnam, mae'r bwled, bedd a'r gwaed,
bwled, bedd a'r gwaed.
Oes mae 'na eryr a cholomen ddof,
ond mae 'na drais a cham cyn cof.

O mae 'na harddwch, yn nhywyll liw ei chroen,
ble'r aeth yr harddwch, crebachwyd ef gan boen;
cartrefi'n llosgi'n fflam a mam a'r plant yn fud,
y tad yn gorff mewn ffos a'r bomio'n siglo'r crud,
bomio'n siglo'r crud.
Oes mae 'na eryr a cholomen ddof,
ond mae 'na drais a cham cyn cof.

Ti, wleidydd dwl, yn dy wely plu,
oni elli deimlo yr hyn a deimlaf i?
dim gyda'th siarad gwag elli di wneud y cam yn llai
ac arnat ti a'th debyg, gyfaill, y mae y bai,
gyfaill, mae y bai.
Oes mae 'na eryr a cholomen ddof,
ond mae 'na drais a cham cyn cof.

Cân Walter

(Capo ar yr wythfed ffret — chwarae ar ffurf G fwyaf)

3. Cân Walter

O ffarwél, mae'n fore braf,
o ffarwél i chi,
awn heddiw i ffwrdd ar y *Tarpan*
dan donnau oer y lli.

Cytgan:
Brysiwch, mae'n rhaid ymadael,
hiraeth a lenwa 'mron,
awn heddiw i ffwrdd ar y *Tarpan*
yn isel dan y don.

Yn nhafarn glyd y pentref bach
ei arian roes i'w ffrind,
'wel, yfwch lan ac iechyd da,
i ryfel mae'n rhaid mynd!'

Cofleidiodd ei rieni,
ei chwaer a'i ffrindiau i gyd,
'ni welaf byth mo Solfa mwy
o fynd i bellter byd.'

O fewn y mis y postman ddaeth
â llythyr at ei dad,
bu farw Walter o dan y môr,
bu farw dros ei wlad.

Walter

Cân 3 a 4

CÂN WALTER/ DDAETH NEB YN ÔL

Ma'r ddwy gân 'ma'n mynd gyda'i gilydd hefyd er bod nhw ddim gyda'i gilydd ar yr un record. Ma'r ddwy, yn amlwg, yn sôn am yr Ail Ryfel Byd pan wnâth Mam, o fewn llai na thair blynedd, golli tri o bobol odd yn agos iawn ati.

Brawd Mam odd Walter ac odd e'n gwasanaethu ar y llonge tanfor. Cyn iddo fe adel ar y *Tarpan* yn 1940 odd e'n gwbod na fydde fe byth yn dod 'nôl i Solfa. Nawr, 'wy ddim yn gweud bo' fe'n broffwyd, ond odd siawns rhywun odd yn gwasanaethu mewn llong danfor yn wan beth bynnag. Fe âth Wncwl Walter mewn i'r Cambo (y Cambrian) cyn gadel a rhoi ei watsh, a thipyn o arian i Tom Morris i brynu cwrw i'w ffrindie.

Fe drawyd y *Tarpan* ger Skagerak rhwng Denmarc a Norwy. Odd hi'n un o bump gadd 'u sinco ac fe wrthododd y Llywodraeth 'u codi nhw. Ond ma'r llonge yn *official war graves*.

Odd llun Walter ar y wal yn tŷ ni. Ac ma' fe'n llun od iawn. Odd Mam yn tystio bod y llun yn siarad â hi ac fe wnâth hi 'i dynnu fe lawr. Ond ma'r llun lan ar y wal lle dwi'n byw yng Nghardydd nawr.

Flwyddyn ar ôl colli Walter fe gollodd Mam ei gŵr, Gerald, sef 'nhad. Odd hi'n feichiog yn 'y nghario i. Yn 1941 fe âth 'i awyren e ar goll ac fe gadd hi wbod bo' fe'n *missing in action*.

Odd Mam yn nyrso ac yn yr ysbyty wnâth hi gwrdd â'r boi 'ma odd yn *engineering officer* o Greenock, James Alexander Erskine, odd wedi câl 'i anafu ar ôl i fom ddisgyn ar y gwesty lle'r odd e'n aros yn Noc Penfro. Fe ddâth y ddou yn ffrindie a odd teulu ni'n meddwl, am fod Mam yn feichiog, y bydde fe'n beth da 'tai nhw'n priodi. A dyna nithon nhw yng Nghasnewydd lle odd e'n un o griw llong odd yn cario *war supplies*, yr *Edelan*.

Fe adawodd e ar y llong ac fe ddâth Mam 'nôl i Solfa i Harbour House. Ond fe suddwyd yr *Edelan* gan dorpedo jyst off Greenland ar 'i ffordd i'r St Lawrence Seaway. Fe safiwyd 13 ond odd e ddim yn 'u plith nhw. I goffáu'r digwyddiad fe wnes i sgrifennu 'Ddaeth neb yn Ôl'.

Ddaeth Neb yn Ôl

4. Ddaeth Neb yn Ôl

Roedd pawb ar y cei yn Aberdaugleddau
yn oer ac yn wlyb yn y gwynt a'r glaw mân,
fe lusgodd y llynges i ffwrdd fel cysgodion
a'r cefnfor mawr o'u blaen.

Cytgan:
Ddaeth neb yn ôl i adrodd yr hanes,
neb ond y gwynt a ganodd ei gân,
dim ond gwylanod a llygad y gelyn
a welodd y morwyr yn llosgi mewn tân.

Morgi o ddur yn cuddio mewn dyfnder,
ei arfau yn gas fel dant yn ei ben,
deffrodd o'i gwsg a chododd o'r gwaelod
i aros am aberth dan leuad y nen.

Yng nghanol y môr, daeth y daran a'r fflamau,
torpidos gwyllt yn rhuthro drwy'r dŵr
a thrist oedd y lladdfa gyfrwys mewn tywyllwch
a thrist oedd y byd mewn rhyfel a'i stŵr.

Rhy hwyr, ger y harbwr, mae'r mamau'n aros,
mae'r gwragedd yn aros heb wybod y gwir,
ond ymhell oddi yno dan fôr y gorllewin,
gorweddant yn farw ym medd gwyrdd y dŵr.

Amddifaid bychain, lle gewch chi ddillad?
lle yn y byd gewch chi arian i fyw?
o'r llywodraeth fe gewch chi geiniogau cysurus
i dalu am eich tadau sydd nawr gyda Duw.

Torpido yn cael ei thanio oddi ar un o longau fy ewythr.

Merch o'r Ffatri Wlân

ⓗ Cyhoeddiadau Sain

♩ = 112 Baled

Dim ond merch o'r ffa-tri wlân wrth ei gwaith bob dydd
heb syl-wi dim ar y byd mawr odd-i all-an.
Roedd ei gwallt mor ddu a thlws fel rhyw freudd-wyd ryf-edd
yn fy nghwsg ond mae'n gwneud gwaith dyn bob
dy-y-ydd am ei chyf-log. (Rhwng y)

Mam a Dad

5. Merch o'r Ffatri Wlân

Dim ond merch o'r ffatri wlân
wrth ei gwaith bob dydd,
heb sylwi dim ar y byd mawr oddi allan.
Roedd ei gwallt mor ddu a thlws
fel rhyw freuddwyd ryfedd yn fy nghwsg,
ond mae'n gwneud gwaith dyn bob dydd am ei chyflog.

Rhwng y gwreiddiau dwfn a'r brwyn
dan y gamlas fach sy'n rhuthro'i swyn,
mor araf mae'r olwyn hen yn troi'r peiriannau;
ac mae'r dyn yn tanio'r tân
lle mae Jac a'r bois yn golchi'r gwlân
ond mae'r gwŷr yn dal i wau ar y glannau.

Dim ond merch o'r ffatri wlân
wrth ei gwaith bob dydd
hi sy'n creu o'r edau frethyn lliwiog.
Ac mae'r oriau'n hir a llawn
ac mae'r oriau'n ddail
sy'n cwympo i lawr ar y dŵr,
sy'n crwydro draw drwy'r bore niwlog.

Dim ond merch o'r ffatri wlân
wrth ei gwaith bob dydd,
heb sylwi dim ar y byd mawr oddi allan.
Roedd ei gwallt mor ddu a thlws
fel rhyw freuddwyd ryfedd yn fy nghwsg,
ond mae'n gwneud gwaith dyn bob dydd am ei chyflog.

Cân 5

MERCH O'R FFATRI WLÂN

Cân serch yw hon, ond ddim cân i unrhyw un arbennig. A dyw hi ddim yn amlwg ma' cân serch yw hi.

Ddigwyddodd y gân am bo' fi'n arfer gweithio weithie yn ffatri wlân Anti Beti Griffiths odd â busnes yn Felinganol. Odd rhan o'r gwaith yn golygu gwau carpedi ar gyfer gwestai ond odd gyda Anti Beti ddim peirianne i'w sychu nhw. O'n i'n mynd â'r carpedi 'ma lan i Felin Alltcafan, tua unwaith y mis lle'r odd peirianne ar gyfer y gwaith a bob tro fyddwn i'n mynd lan at Jones Alltcafan fyddwn i'n gweld y merched 'ma yn gweitho yno. Y peth odd yn 'y nharo i odd tawelwch a llonyddwch y lle a'r merched yn gweitho'n galed — yn gneud gwaith dyn ond am gyflog llai.

Ma'r gân yma wedi'i sgrifennu i'r merched hynny. Odd Mam yn meddwl 'mod i wedi sgwennu'r gân iddi hi — odd hi'n iawn mewn ffordd achos wnâth hi wasanaethu ym Melin Felinganol am flynydde hir.

Gwely Gwag

Cyhoeddiadau Sain

6. Gwely Gwag

Dewch 'nôl cariad, dewch yn ôl,
anghofiwch y pethau ffôl,
gwely gwag yn llawn o dristwch —
dyna beth sy'n poeni fi.

Agorwch dipyn o gil y drws
i gael gweld y fro mewn cwsg;
gwely gwag yn llawn o dristwch —
dyna beth sy'n poeni fi.

Mae'r dyddiau'n wallgof, mae'n amser gwael,
heb dy gariad mae'n fywyd sâl;
gwely gwag yn llawn o dristwch —
dyna beth sy'n poeni fi.

Ar ddur y rheilffordd, gorweddaf i lawr,
bydda i'n cysgu fory tan ddaw trên y wawr —
mae gwely gwag yn llawn o dristwch —
dyna beth sy'n poeni fi.

Yn y bore ar ôl unig nos,
meddwl am fy nghariad a'i chorff bach tlws;
gwely gwag yn llawn o dristwch —
dyna beth sy'n poeni fi.

Dewch 'nôl cariad, dewch yn ôl,
anghofiwch y pethau ffôl;
gwely gwag yn llawn o dristwch —
dyna beth sy'n poeni fi.

Cân 6

GWELY GWAG

Ymgais i sgrifennu *blues* Cymrâg odd hon. Rodd y peth yn arbrofol ar y pryd, ddim jyst y gerddoriaeth ond y ffordd odd y *bluesmen* yn byw. Fe gawson nhw yffarn o ddylanwad arna i, llawer mwy na gafodd Woody Guthrie. 'Yn arwyr i odd pobol fel Leadbelly, Big Bill Broonzy, Jesse Fuller a Gary Davis.

'Gwely Gwag' odd y gân *blues* Gymrâg gynta i fi sgrifennu, tua 1971-2. O'n i newydd dorri lan â merch o Sir Aberteifi o'r enw Janet. Hi wnâth ysbrydoli'r gân. Bryd 'ny odd Tessa'r wraig a fi wedi gwahanu a hi wedi mynd â'r plant, Bethan ac Isabel, i fyw lan yn Cumberland.

Pan dorrodd Janet a fi lan fe âth Jan i Rotterdam ac fe es i lan i Cumberland i weld y teulu a dod â nhw 'nôl i fyw i Gardydd.

Ma' 'Gwely Gwag' yn gân *blues* 'wy'n ganu'n 'itha ysgafn ond ma' mwy o ddyfnder ynddi nag ma' neb yn feddwl. Ond fel'na ma'r *blues*. Ma' nhw'n ganeuon cwbwl syml ond ma' nhw'n cuddio llawer iawn o deimlad.

Bobby Sands

Cyhoeddiadau Sain

7. Bobby Sands

Ma' 'na filoedd yn dy gefnogi di
a tithau yn y carchar,
clyw sgrech y llywodraeth: 'Ysbeiliwr ffôl!
Troseddwr! Thyg!' — gwatwar.
Ond beth bynnag maen nhw'n ddweud yn dy erbyn di,
dioddefaint ac angau ddewisaist ti
i gael heddwch yn Iwerddon a chael bod yn rhydd,
Bobby Sands.

Darllenais am dy dristwch yn y *Western Mail*
mewn erthygl olygyddol:
'bu farw Sands yn y Long Kesh jêl —
derbyniwch y ffaith fel rhybudd.'
Yn ei farn, wnest ti farw dros ffyrnigrwydd gwyllt,
terfysg, dychryn y bom a'r dryll,
lladrata a mwrdro oedd dy ddull,
Bobby Sands.

'Nid merthyr yw Sands,' ebe Llais y Sais,
'ond gwystl mewn dwylo gwydlon,
esgus gwarthus i gael mwrdro mwy —
ac ma' Sands yn ddigon bodlon
i farw dros y terfysg hwn
lladrata, mwrdro, y bom a'r gwn.'
Ond fe eith ei enw i lawr, mi wn,
gyda Padrig Pearse a Connelly.

Cân 7

BOBBY SANDS

Ddechreues i sgrifennu'r gân hon ar y dwrnod buodd Bobby Sands farw yn 1981 ar ôl bod ar streic newyn yng ngharchar Long Kesh am 65 dwrnod. Yna fe ddarllenes i adroddiad yn y *Western Mail* y dwrnod wedyn wedi'i sgrifennu 'da'r golygydd ar y pryd, Duncan Gardiner, ac fe ail-sgrifennes i'r gân. Odd yr adroddiad yn galw Sands yn derfysgwr a mwrdrwr ac ma'r gân yn ailadrodd bron yr union beth wedodd yr adroddiad. Wrth gwrs, o'n i'n cymryd agwedd wahanol i'r papur.

Odd pawb yn y papure'n sgrechian yn erbyn Bobby Sands a'r bois erill odd ar streic newyn ond pobol gyffredin odd Sands a'r lleill, carcharorion odd â dim hawlie.

Ar y pryd odd rhaglen 'da Eurof Williams ar y radio ar fore dydd Sadwrn ac fe es i mewn ganol yr wthnos i recordio peder ne' bum cân. A dyma fi'n gadel cân Bobby Sands tan y dwetha, jyst i dreio fe mas. Jyst fi a'r gitâr odd yn perfformio a buodd tawelwch llethol wedi i fi bennu. Fel arfer ma'r cyfarwyddwr ne'r peiriannydd yn gweud rhwbeth ar ddiwedd cân ond odd dim byd y tro 'ma.

Wedyn, ymhen sbel, dyma fi'n clywed llais Eurof yn gweud bod e ddim yn credu y galle fe ddarlledu honna. Wedes i wrtho fe nad odd y gân yn ddim byd ond ailadrodd beth odd wedi bod yn y *Western Mail*. Odd hi ddim yn *sub judice* na dim byd. Tric bach slic, ond o'n i'n gobeitho y bydde fe'n gweitho.

Bore dydd Sadwrn o'n i'n gwrando ar y rhaglen a Gwenllian yn gorwedd yn y gwely. Ar y diwedd dyma'r gân yn dod. Fe sgrechies i lan y grisie a gweiddi — 'Ma' hi 'mlân!' A dyma Gwenllian yn codi a fi a hi yn gneud *war-dance* rownd y gegin.

Ddâth y gân ddim mas ar record am sbel, ddim tan *Nos Du, Nos Da*. Dyw hi'n ddim byd ond geirie syml ond pan fydda i'n 'i chanu o flân pobol ma' 'na neges 'na.

Môr o Gariad

8. Môr o Gariad

Eistedd yma'n unig 'ben fy hun,
heno 'sdim amynedd i helbul byd,
ond mae'r nos yn ffoi, fel mae'r byd yn troi
fel y môr o gariad a roddais i ti.

'Sdim byd yma heno ond adlais cariad mawr
a'n gwydrau gweigion ar y llawr
ac i gwpla'r llun
yn y botel, gwaddod gwin —
gwaddod y môr o gariad a roddais i ti.

Hwn oedd cariad glân,
hwn oedd cariad ffôl,
roeddwn i ar dân —
nawr 'sdim ar ôl.

Strydoedd oer y ddinas,
strydoedd mor llawn
atgofion fydd amdani,
ei serch a'i dawn.
Serch hynny, mae'n rhaid byw,
ymuno efo hwyl y criw.
Sych yw'r môr o gariad
a roddais i ti.

Cân 8

MÔR O GARIAD

Ma' hon yn dod o'r cyfnod 1981-2. O'n i'n byw mewn fflat ar lan yr afon ym Methesda ar y pryd ac fe benderfynodd Gwenllian adel. Fe fwrodd hyn fi'n galed iawn.

Yn nhŷ Carys Dafydd — Carys Parc — ym Mangor y dechreuodd y gân. O'n i wedi bod yn yfed lot o win a dyma 'whâr Carys, Sioned, yn cerdded mewn. Odd drws y tŷ yn arwen yn syth mewn i'r stafell. Dyma Sioned yn dod mewn a gweud, "Sdim byd yma heno.' Finne'n ateb, 'O's, ma' hon,' a dal potel wag o win lan. 'O,' medde hi. 'Dim ond gwaddod gwin.'

Ac fel'na ddechreuodd y gân: "Sdim byd yma heno . . .' ac wedyn ymlân i 'yn y botel, gwaddod gwin'. Sioned a fi'n towlu brawddege at 'yn gilydd odd y dechre.

Wedyn fe alwodd Gwenllian gyda fi yn y fflat a gweud eto bod popeth wedi darfod. Fe wedes i wrthi am y gân odd ar waith. Ac fe berswadies i hi i aros gyda fi nes inni bennu'r gân. A dyna beth ddigwyddodd.

Ma'r gân, felly, yn waith tri o bobol ac 'wy'n credu bod hi'n gweitho. Ddylwn i gyfeirio hefyd at ran Anthony Griffiths yn y gân ar y record *Nos Du, Nos Da*. Anthony odd yn gyfrifol am y riff hyfryd 'na ar y canol. Odd Anthony a'i wraig, Marje, wedi bod yn rhan bwysig o fywyd Gwenllian a fi. Pan o'n i'n byw yn Harlech odd Anthony'n fyfyriwr yn y coleg yno a odd y ddou ohonon ni'n whare lot yn y Golden Lion a llefydd erill.

Ac 'wy'n cofio pan o'n i'n recordio *Nos Du, Nos Da* odd hi'n adeg 'y mhen-blwydd i. Fe ddâth Gerallt Llywelyn draw i'r sesiyne i dynnu ffotos ac 'wy'n cofio mynd tu fas a phwynto at y lleuad a gweud 'tho fe: 'Saetha honna!' Odd dim o'r offer iawn gydag e ar y pryd ond fe roddodd e gynnig ac ma'r llun ohona i'n pwynto y lleuad ar gefen y clawr. Gyda llaw, recordion ni'r albwm mewn dwy sesiwn o wyth awr.

Ma'r holl albwm *Nos Du, Nos Da* yn deyrnged i Gwenllian. Ond ddim yn unig ma' hi'n deyrnged i'w phresenoldeb hi, ma' Gwenllian hefyd yn rhan o'r gwaith i gyd.

Erwan

9. Erwan

Erwan, ble'r wyt ti? Wedi croesi'r afon.
Yn nhafarn Tir na n-Og rwyt yn yfed nawr.
Erwan, Kenavo, hen ffrind o Lydaw
yng ngwlad y llwybrau tywyll.
'Sdim golau'r wawr.

Rwyt ti wedi croesi'r dŵr i wlad y dall a'r byddar,
gyrru lawr y lôn lle fuest ti o'r blaen,
yn barod, wedi'r hunllef i fynd i'r *fest noz* olaf.
Fydd dim dawnsio mwy
nac yfed gyda ffrindiau wrth y tân.

Erwan, Kenavo. Mae'r Ffrancwyr wedi methu.
'Sdim golau'r gwir i'nhw, dim iechyd mad.
Rwyt yn chwerthin am eu pennau
dros wynebau pren y byrddau.
Cawn gwrdd tu hwnt i'r bedd
mewn breuddwydion.

Cân 9

ERWAN

Rodd Erwan, fel ma'r gân yn gweud, yn hen ffrind o Lydaw. Fuodd e'n gweitho fel cynorthwy-ydd dysgu Ffrangeg yn Ysgol Rhydfelen ac odd e'n aros yng Nghardydd. O'n i'n arfer cwrdd ag e a lot o Lydawyr erill, yn arbennig Gwendal Denez, yng Nghlwb Barbarellas.

Odd Erwan yn genedlaetholwr mawr ac wedi gneud lot i'r mudiad ysgolion meithrin *Diwan*. Buodd e hefyd yn gweitho i Alan Stivell fel *tour manager* ac roedd e'n enwog iawn yn Llydaw. Fe fydde fe'n trwytho'r plant yn hen draddodiade'r wlad a mynd â nhw mas i'r awyr agored, i'r meysydd a'r trâth, i'w dysgu nhw.

Fe fuodd e mewn damwen pan fwrodd lorri fawr mewn i'w gar e. Ond fe achubwyd 'i fywyd ac odd e'n gwella yn yr ysbyty. Sgrifennodd e lythyr at ffrind, Gareth ap Sion, yn gweud bo' fe wedi bod yn Nhir na n-Og ac wedi dod 'nôl.

Ond wrth iddo fe wella, odd e mas yn cerdded yn yr ardd yn yr ysbyty un dwrnod pan gadd e *embolism* a buodd e farw. Colled fawr i Lydaw — i Gymru hefyd wath odd e'n siarad Cymrâg yn rhugl ac yn meddwl y byd o'r Cymry.

Gydag Erwan y Cymro

Timothy Davey

10. Timothy Davey

Roedd e'n teithio gyda Mam,
weithie'n rhedeg dôp o Pakistan,
pedair ar ddeg o dan yr haul —
dyna'r gwir a dyna'r gwael.
Gadewch e'n rhydd:
Timothy Davey.

Saith mlynedd am gario dôp,
i hogyn bach, dyw e ddim yn jôc;
helynt hyll yn Istanbul —
digon i hala'r Iesu'n ddwl.
Gadewch e'n rhydd:
Timothy Davey.

Dylanwad cudd y CIA,
dipyn o sbort i hela hipis
ie, mas o'r dref.

Beth yw sens a beth yw'r pwynt
herio hogyn bach am smocio *joint*
a wedyn gwrthod bêl?
Aeth yr hogyn bach yn grac mewn jêl.
Gadewch e'n rhydd:
Timothy Davey.

Cân 10

TIMOTHY DAVEY

Hen gân o'r chwedege cynnar yw hon am fachgen ifanc 14 oed a restiwyd yn Nhwrci ar gyhuddiad o drafod cyffurie. O'n i wedi clywed lot am yr achos ar y radio ac wedi darllen lot amdano fe yn y papure.

Cefndir y stori odd fod y fenyw 'ma o dde Lloeger, Jo Davey, wedi blino ar y *rat-race*. Odd 'i gŵr wedi gadel ac fe benderfynodd hi fynd â'i thri phlentyn gyda hi i Nepal, rhyw fath o *peace convoy* cynnar cyn i'r mudiad hwnnw fynd yn rhemp. Ar ôl cyrraedd Twrci — Istanbul, 'wy'n credu — fe restiwyd Timothy, y mab hyna, wedi iddo fe gâl 'i seto lan 'da *agent provocateur*.

Americanwr odd y boi setodd e lan, ac odd e'n rhan o gynllwyn y CIA odd, ar y pryd, yn ceisio stopo'r Twrcs rhag cynhyrchu opiwm. Rodd y sustem yn gwbwl lwgwr. 'Tai chi'n câl mynd i'r carchar odd modd 'da chi, os o'ch chi ag arian, i brynu'ch ffordd mas. Ond dodd dim arian 'da teulu Timothy. Y canlyniad odd i'r bachgen 14 oed 'ma gâl 'i garcharu am saith mlynedd. A'r peth diawledig odd 'i fod e'n ddiniwed a dieuog hefyd.

Fe gadd yr achos sylw rownd y byd ac yn ddiddorol iawn, ar 'y mhen-blwydd yn hanner cant fe ges i bresant 'da Gari Melville o'r llyfyr *Timothy Davey* wedi'i sgrifennu 'dag e a'i fam, Jo. Ma'r llyfyr wedi'i olygu 'da Peter Denton ac wedi'i gyhoeddi 'da Quartet Books, Llunden.

Er 'i bod hi'n hen gân, wnes i ddim 'i recordo hi tan *Gwin a Mwg a Merched Drwg* yn 1987. Digwydd cofio amdani yn y stiwdio pan o'n i'n recordio'r albwm wnes i, yr un amser a wnes i recordo 'Bobby Sands'.

John Burnett

Cyhoeddiadau Sain

11. John Burnett

John Burnett,
lle'r wyt ti'n cysgu nawr?
John Burnett,
lle'r wyt ti wrthi nawr?

Yn Birmingham, roedd eira gwyn
Nadolig llawen wedi mynd
ond gyda'th gyllell farwol
wnest ti ladd fy ffrind?

John Burnett,
pam redest ti i ffwrdd
ar ôl yr ymosodiad ar y ffordd?
wnest ti guddio yn y glaw
hefo cyllell yn dy law?
gadewaist ti fy ffrind
i farw ar y llawr.

John Burnett,
does neb yn gwybod pam.
John Burnett,
trychineb ym mhob man.
Dieithryn, dwy ar bymtheg oed
wnaeth ddim byd cas i neb erioed
a'r ysbryd drwg yn cuddio
chwerthin tu ôl y coed,
chwerthin y coed.

John Burnett,
mae lleisiau ar y ffôn.
Hanner cant o gopers ar y lôn
ond yn y fagddu wnest ti guddio
arswyd mawr meddiannu chdi
wnest ti anweddu'n sydyn
gyda'r noson ddu,
yn y noson ddu.

Cân 11

JOHN BURNETT

Ma'r digwyddiad y tu ôl i'r gân 'ma yn mynd 'nôl i pan o'n i tua deunaw o'd ac yn stiwdent yng Nghardydd. Odd bachan o'r enw John Burnett yn byw yn Edgebaston yn Birmingham ac yn cadw *open house*. Odd partis gydag e'n amal ac un noson o'n i a mêt i fi o Gardydd, Dicky Dowthwaite, yn un o'r partis 'ma. Odd drws y tŷ ar agor ac mae'n debyg bod dau Wyddel wedi cerdded mewn. Aethon nhw mewn i stafell lle'r odd John Burnett a'i gariad ac fe âth hi'n ffrwgwd a roddodd un ohonyn nhw ergyd iddo fe.

Odd Dicky a finne'n gwbod dim am hyn ond ychydig wedyn âth Dicky a finne a ffrind arall mas am strôl. O'n ni wedi bod ar *amphetamines*, neu spîd, fel ma' fe'n câl 'i alw. Jyst cerdded lawr y ffordd o'n ni, yn eitha hapus. 'Wy'n cofio'n iawn, odd hi'n bwrw eira a phopeth yn wyn.

Ac wrth i ni gerdded o'n i'r nesa at y wal, a gredes i bo' fi wedi gweld rhywun yn rhedeg tu ôl i ni. O'n i'n meddwl ma' jyst rhywun wedi meddwi odd 'na a ges i gipolwg ohono fe'n rhedeg bant. Fe gwmpodd Dicky yn farw ar y ffordd ac wnes i ddeall beth odd wedi digwydd. Odd John Burnett wedi rhedeg mas o'r tŷ a meddwl ma' ni odd y Gwyddelod odd wedi gwthio mewn i'r parti. Fe redodd e ar 'yn hôl ni a stico cyllell yn Dicky. Dim ond tua deunaw o'd odd Dicky ac odd John Burnett tua'r un oedran.

Gyfaddefodd e yn y llys ma' fe odd wedi trywanu Dicky ond bod e'n meddwl ma' ni odd y Gwyddelod odd wedi'i ddyrnu fe. Fe gadd e garchar wrth ewyllys ei Mawrhydi, neu *during Her Majesty's pleasure*, fel odd pethe'n câl 'u galw bryd hynny.

Odd hwn yn gyfnod y *beatniks*, adeg y Beatles a Bob Dylan, rhan o symudiad byd-eang, rhai yn Greenwich Village yn Efrog Newydd a rhai, fel ni, yng Nghardydd.

Sandoz yn Loudon Square

12. Sandoz yn Loudon Square

Sbwriel yn llusgo ar y llawr;
enfys eira'n toddi'n awr;
daeth hen gi mor gloff a glas,
piso'n araf ar y wal,
crynu yn yr awyr oer
cloch yr eglwys taro'r dôn,
ateb tonaidd yn y nos.
Clustiau byddar ar y lôn;
llusgodd y llwydion rhag y gwynt;
sydyn Pentax yn y llaw;
ysbrydion sêr sydd ar eu hynt
wedi crebachu yn y glaw.

Dyma'r sgwâr oedd fel y nef
lle'r own ni'n dwyn ein losin du.
Tŷ coch neu dafarn bob-'ail-ddrws
dim byd ar ôl fy hen *Zombie*;
dyma'r *Crèche municipal*.
O dan ei pheint seimllyd a ffug
etifeddiaeth babis bach;
teimlo hiraeth yn y crud.
Merched fflashio *nylons* du
hongian tu fas i'r tŷ bach glas
ffoaduriaid o'r *North Star*.
Maen nhw wedi'u towlu mas.

Mae'r gamlas heno'n llawn o rym
lle bu'r plant yn nofio gynt.
A dyma fe, y gwrcath du.
Blwbit Jeivio ar y gwynt
a dyma gofgolofn Arglwydd Mawr
o dan y gastanwydden bêr.
Aroglau melys ganja gwyrdd
gyda'r lloergan, gyda'r sêr,
a dyma waliau Plas y Glo
a dyma'r eglwys ar y bryn.
Dychmygwch fod e'n bosib i
daro'r nefoedd o fan hyn.
Amhosib oedd e inni weld.
Beth oedd o flaen ein llygaid ni
yma heno yn yr ardd
tu hwnt i ddiwedd galacsi?

Cân 12

SANDOZ YN LOUDON SQUARE

Ma' lot o bobol yn meddwl bod y gân 'ma yn gân am Mike Santos, hen ffrind o Louisa Street, Loudon Square. Ond dos 'da hi ddim byd i neud ag e. Sandoz odd enw'r cwmni cynta i gynhyrchu LSD yn fasnachol, pan odd hi'n gyfreithlon i neud hynny. Odd meddygon yn defnyddio'r stwff yn arbrofol wrth drin gwahanol gleifion meddwl. Ond ma' Mike Santos yn y gân. Fe yw'r gwrcath du.

Ma' lot wedi câl 'i neud o LSD fel *designer drug* ffasiynol. Ond dodd e ddim cystal â *mescaline*, cyffur naturiol sy'n câl 'i neud mas o fath o gactws sy'n tyfu yn ne-Orllewin America a Mecsico. Ma' pethe bach rownd fel botyme yn tyfu arno fe ac o hwnnw ma'r *mescaline* yn câl 'i neud. Ma' fe'n ymestyn y meddwl ac yn dwysáu'r dychymyg.

Dim ond Indiaid Cochion mewn llefydd fel Arizona odd yn gallu'i neud e'n iawn ac odd e'n gorfod câl 'i smyglo mas yn gloi cyn iddo fe golli 'i nerth. Odd e'n boblogedd iawn gyda'r deallusion 'nôl yn y pum a'r chwedege am 'i fod e'n codi'r ysbryd a rhoi lot o egni. Odd Aldous Huxley yn un o'r rhai odd yn 'i gymryd e.

Fe gadd ffrind i fi, Lucy Rees, brofiad rhyfedd mas yn Arizona pan âth Indiad Coch â hi i ben Mynydd y Duw Chwerthin. Cyn dringo'r mynydd odd yn rhaid iddi gymryd *mescaline*. Fe welodd hi'r mynydd yn goleuo ac fe glywodd hi lais y duw yn chwerthin. Ond pan ddihunodd hi'r bore wedyn odd dim un marc arni er bod hi wedi bod yn cerdded milltiroedd drwy'r cactws a heibio *rattlesnakes* peryglus heb gâl 'i brathu.

Ma' llawer o storis am ddoctoried odd yn iwso *mescaline* ar y milwyr yn Fietnam fel arbrawf er mwyn 'u câl nhw i ymladd heb ofid.

*Clwb Gwerin
Hwlffordd tua 1964*

Cyllell Drwy'r Galon

13. Cyllell Drwy'r Galon

Cyllell drwy'r galon yw hiraeth,
pladur trwy wenith yr enaid,
milltiroedd o hirdaith a ruthrodd mewn lli
a chraith y garreg ddu.

Mi glywais bod aur dros y gorwel
ac arian yng ngwlad yr addewid
ond, byth, yn fy nghalon, mewn atgof y gwaed,
mae craith y garreg ddu.

Anferth yw gwlad yr Amerig
mewn cyfoeth ac arian mae'r peryg
aruwch yn yr awyr mae'r eryr aur
fel fflach o seren y dydd.

Cân 13

CYLLELL DRWY'R GALON

Ma' hon yn un o nifer o ganeuon sgrifennes i yn y saithdege ar gyfer opera roc fodern gadd 'i chomisiynu gan Ruth Price o'r BBC. Enw'r opera odd 'Hirdaith a Chraith y Garreg Ddu', ond ddâth dim byd ohoni a welodd hi byth ole dydd.

Yn ogystal â 'Cyllell Drwy'r Galon' fe sgrifennes i hefyd 'Dociau Llwyd Caerdydd', 'Y Storm' ac 'Arglwydd Penrhyn' ar gyfer yr opera. Odd tua deuddeg cân i gyd. Fe gafodd tâp ohonyn nhw'i neud a gawson nhw'u gosod ar y pryd ond ma' fe siŵr o fod ar goll. Ma'r rhai 'wy wedi 'u henwi, wrth gwrs, wedi'u recordio wedyn.

Ruth Price odd un o'r rhai cynta i roi cyfle i fi weitho i'r BBC. Hi agorodd borth y BBC i fi a'i wneud e'n hawdd i fi fynd mewn os odd gen i rwbeth iddyn nhw.

Y Paentiwr Coch

14. Y Paentiwr Coch

Bore'n glasu ar y bryniau;
paentiwr coch yn lliwio'i luniau;
cysgod y gwynt dros y gwenith melyn;
sêr yn chwyrlïo yng nghromen y nos.

Cymylau glaw yn dechrau torri;
melin wynt yn dechrau malu;
egni'r haul yn ei dorth o fara,
afalau, caws, grawn a gwin.

Arluniwr ynfyd o'r Iseldiroedd;
lluniau hardd ar waliau'r byd;
aur yr haul yn ei llygaid glas,
ond fe laddodd ei hunan 'slawer dydd.

Cadair felen, ffenest ar agor;
mewn cariad mae, ond mae'n dechrau marw;
harddwch y byd sydd yn torri ei galon,
y paentiwr coch a'i gynfas garw.

Cân 14

Y PAENTIWR COCH

Cân arall wnes i sgrifennu i Ruth Price yw hon, y gân ola i fi sgrifennu i'r BBC. Cân yw hi am Vincent Van Gogh. O'n i'n astudio paentio, wrth gwrs, ac 'wy'n meddwl 'mod i'n deall tipyn bach am brobleme personol ma' arlunydd yn gorfod ddiodde. O'n i ishe bod yn artist go-iawn. Odd hynny'n hollbwysig, yn fwy pwysig na cherddorieth bryd hynny. Odd rheswm da arall dros fynd i'r coleg hefyd. Odd e'n gyfle i fi, fel bachan ifanc, adel Ysgol Ramadeg Tyddewi a mynd bant.

Fe es i i'r Coleg Celf yng Nghardydd yn 1957 a fues i yno am beder blynedd a dyna pryd ddechreues i whare jazz ac yn 1958 ges i gyfle i whare banjo ym mand Mike Harries. O'n i'n digwydd whare yn y Moulders Arms pan ddâth y boi 'ma mewn a gofyn os o'n i'n gallu whare banjo. Wel, fel odd hi'n digwydd, odd banjo yn tŷ ni. Odd wncwl i fi wedi dod ag e 'nôl o'r môr ac o'n i'n gallu 'i whare fe, wedi'i diwnio fel gitâr. Am whare yn y band ddwy noson yr wthnos o'n i'n ennill pumpunt, gymint â'n grant i.

O'n i'n hoff o *jazz* cyn hynny. O'n i'n mynd i Lunden yn grwt 15 oed i wrando yn y clybie *jazz* — clwb Ken Colyer a Cy Laurie yn arbennig. *Jazz* traddodiadol odd 'yn hoff fiwsig cynta i. Y record gynta brynes i eriôd — mewn siop yn Hwlffordd — odd *St Louis Blues* gyda Chris Barber a'i fand yn whare a'i wraig, Ottilie Patterson yn canu.

Ond 'yn ffefryn i odd Lonnie Donegan a ddâth yn enwog gyda miwsig sgiffl. Ond odd Lonnie cyn hynny yn whare banjo ym mand Chris Barber. 'Wy'n cofio prynu'r record *The Lonnie Donegan Showcase* ar label Nixa.

Pan fydden i'n mynd i Lunden fyddwn i'n mynd i glybie fel y Two I's ond odd *rock and roll* heb ddechre bryd hynny. A odd hi'n anodd prynu gitârs da hefyd. Digon o *Spanish* a rhai o'r Almaen ond dim Fenders na Gibsons. Ddim yn unig odd dim lot o gitârs da i gâl, odd dim lot o *guitarists* i gâl chwaith. O'n i'n mynd i'r Partisan, bar coffi y chwith eitha jyst *off* Dean Street. Yr unig *guitarists* odd yn whare, bron, odd Davy Graham, Jerry Lockran, Long John Baldry a fi. Fues i'n whare lot gyda Baldry.

Yr adeg 'ma odd y clybie *jazz* yn dechre troi at R&B a sgiffl a o'n i'n whare weithie adeg yr egwyl yng nghlwb *jazz* Ken Colyer, yn Studio 51 a'r Marquee. 'Wy'n cofio cymryd lle Johnny Bastable, banjoist Colyer sawl tro. Odd e'n yfed cymint odd e'n cwympo ar y llwyfan. Odd boi o'r enw Diz Dizley yno'r un cyfnod ac erbyn hyn fe yw'r boi i whare stwff Django Reinhardt.

Victor

Cyhoeddiadau Sain

15. Victor

Seren wib oedd yn y gornel
mewn ffwndwr yn y bar,
dyma chwedl Wncl Victor
gwên ar yr hen gitâr.

Roedd e'n byw yn Loudon Square,
bob bore roedd yn crwydro yn y dre,
pob cymeriad yn 'i 'nabod e,
o ie, o ie, o ie.

Gwin a mwg a merched drwg,
o ie, o ie, o ie.

Gwên fawr o dan yr hen het ddu
a pheint o gwrw mwyn,
bysedd hir yn pigo'r tannau:
Victor yn creu swyn.

Awn heno i'r Quebec i weld y dyn
a'r hen gitâr ar ei ben-glin,
Wncl Victor yn goleuo'r sîn,
o ie, o ie, o ie.

Ie, gwin a mwg a merched drwg
o ie, o ie, o ie.

Ges i siom pan wnaeth e farw
un prynhawn ar 'i ben ei hun,
dim rhybudd nac arwyddion
cyn aeth e dros y ffin.
Gŵyl o fiwsig oedd ei gynhebrwng ef
Jazz o'r dwyrain a swing o'r de,
y maestro du o Tiger Bay
o ie, o ie, o ie,
popeth yn ei le,
o ie, o ie, o ie.

Cân 15

VICTOR

Victor Parker odd tad-cu'r gitâr Gymreig. Odd e'n byw yn Loudon Square a phan fuodd e farw, fe odd y cynta yng Nghymru i gâl angladd yn steil New Orleans.

Gadd Victor 'i eni yn Y Rhath, 'i dad e'n ddu a'i fam yn wyn. Gyrru injan yn y gwaith dur odd e. Fe odd un o *jazzayr* gwreiddiol Cardydd, dyn mawr, mwyn yn llawn o jôcs a chelwydde. Fyddwn i'n 'i ddisgrifio fe yn Saesneg fel *sunshine on tap*.

Odd Victor yn whare'i gitâr — Hoffner Committee odd gydag e — yn y tafarne yn ardal y docie, llefydd fel y Glendower, y Custom House, lle gweles i fe gynta, a'r Quebec, sy wedi câl 'i dynnu lawr. Odd e'n whare pob math o gerddoriaeth — *calypso, jazz, music hall, swing* — popeth. Wnes i whare lot gydag e dros y blynyddodd a hefyd gyda'r tywysog, Ray Norman.

Ma' pethe wedi newid. Dos neb yn whare yn y Glendower a'r Custom House nawr. Eto i gyd, ddim Victor odd yr ola o'i deip. Ma' Gerald Ashton a Leslie Guishard ar ôl o hyd ond dŷn nhw ddim yn whare'n gyhoeddus yn y tafarne, ddim yn mynd mas i berfformo. Ma'r sîn wedi dod i ben yn llwyr.

Dic Penderyn

Cyhoeddiadau Sain

16. Dic Penderyn

Dic Penderyn, wyt ti'n foi —
lle fuest ti'n yfed, was?
'lawr ym Merthyr roeddwn ddoe
o saith tan hanner nos.'

Pwy sy'n gweithio yn y pwll
a phwy sy'n yfed medd?
mae'r Cymry'n bwyta bara sych,
mae'n dywyll fel y bedd.

Dic Penderyn, rheda nawr — mae'r milwyr ar dy ôl
A'u cotiau coch a'u gynnau gwyllt i saethu pobol ffôl.

Dic Penderyn, cuddia nawr, mae'r plismyn yn ein stryd
Cer mas yn glou trwy ddrws y cefn, tra bo dy goesau di yn rhydd.

Dic Penderyn, o! rhy hwyr, mae e'n hedfan dros y bryn,
ar lawr y carchar mae e'n awr a'r fial rownd pob glin.

Dic Penderyn, Cymro glân, llofruddiwr nawr wyt ti
wrth borth y castell yng Nghaerdydd, rhaff y Sais gei di.

Cân 16

DIC PENDERYN

Dos 'da'r gân 'ma ddim byd i neud â'r opera roc o'r un enw. Ma' hon lawer yn henach ac yn dod o'r un cyfnod â chaneuon fel 'Rue St Michel' pan odd Gwenllian a fi yn byw yn *apartment* Gwendal Denez yn Rennes.

Benderfynes i fynd i Lydaw am 'i bod hi wedi mynd yn rhy ddof yng Nghymru. Yn Llydaw odd atgyfodiad Celtaidd ar 'i anterth. Odd y gerddorieth odd yn dod o Lydaw yn gyffrous ac fe ges i 'nenu yno. Werthes i bopeth a byw yno am whech mis yn mynd o gwmpas cyngherdde a gwylie cerddorol ac fe wnes i baratoi'r ffordd i grwpie a pherfformwyr erill.

'Wy wedi bod yn meddwl mynd 'nôl i fyw i Lydaw cyn diwedd 'y mywyd. Ond 'sa i'n credu bod lot o fyw ar ôl 'da fi.

Rue St Michel

17. Rue St Michel

Ar y Rue St Michel y mae gwres yn yr awel
pan mae'r gwanwyn yn troi tua'r haf.
I awyr y bore mae arogl coffi
rwy'n mynd 'nôl i'r hen Rue St Michel.

Cytgan 1:

Ar y Rue St Michel lawr ym mar Chêz Minouch
yfwn i Chouchenn melys neu Cidre Bouché,
o mae'n braf yn yr haf ar y Rue St Michel,
o mae'n braf yn yr haf ar y Rue St Michel.

Ar y Rue St Michel, mae'r cardotyn yn cysgu
dan *Wisteria* sy'n hongian o'r wal,
ac mae sŵn pobl hwyr o'r *cafés* byth yn galw,
yn y nos ar y Rue St Michel.

Cytgan 2:

Trwy'r ffenestri fe ddaw golau melyn o'r de,
ond 'sdim bacwn i frecwast ond gwin yn ei le
gyda thorth dwym o siop pobydd gorau y dre
braf yw byw ar y Rue St Michel.

Ar y Rue St Michel, 'sdim ots am yfory
awn eto i far Chêz Minouch
lle mae hud y Chouchenn yn llif i 'mhen
ac mae'r miwsig yn llifo trwy'r drws.

Cytgan 1:

Ar y Rue St Michel, rhyfeddod a welaf,
hen Arab â llond ceg o aur,
sy'n chwerthin a dawnsio i ganu y Cymro,
heb ddeall un gair o Gymraeg.

Cân 17

RUE ST MICHEL

Stryd yn yr hen ran o ddinas Rennes yw'r Rue St Michel, stryd yn llawn caffis a bars a hen dai canoloesol. Lle da i ymlacio. I fi ar ddiwedd y saithdege odd Cymru wedi mynd yn lle llwm a'n ysbryd i'n mynd lawr a lawr. Odd gwaith yn brin ac o'n i, mwy ne' lai, wedi câl 'yn banio 'da'r BBC. Am wyth mlynedd ches i ddim unrhyw waith 'da'r BBC. Wedi ypsetio rhywun, siŵr o fod. Ma'r bobol odd yn gyfrifol am 'y manio i mewn swyddi pwysig iawn y tu fas i'r BBC erbyn hyn.

Dyna, yn benna, pam es i a Gwenllian i Lydaw. Odd pethe cyffrous yn digwydd yno. Rodd Alan Stivell wedi dod yn enw mawr, a'r band mwya heblaw amdano fe odd Satanazet, gyda Jakez Guiot a'r Brodyr Molard. Odd Stivell yn fawr yn rhyngwladol ond wedi mynd yn rhy fasnachol. Satanazet odd y bois trwm a dreulies i lot o amser gyda nhw.

Odd Rennes, a Rue St Michel, yn llefydd da i fod ynddyn nhw bryd hynny ac ma' hapusrwydd y gân yn dangos pa mor hapus o'n i ar y pryd.

Cyngerdd yn Llydaw

Mae'r Nos Wedi Dod i Ben

Cyhoeddiadau Sain

18. Mae'r Nos Wedi Dod i Ben

Cerddais yn hwyr trwy strydoedd cul
yn oriau mân y bore.
Yfais dy win, felly a fu,
o leuad oer dy freuddwyd.

Cytgan:
Ond mae'r nos wedi dod i ben,
ond mae'r nos wedi dod i ben
ond mae'r nos wedi dod i ben
w-w, mae'r nos wedi dod i ben.

Rhwng y llinellau darllenais wir,
fy nagrau eto'n llifo,
mewn angladd dail daeth fflach o haul
ar ôl y wawr yn deffro.

Darn Canol
Pwy sy'n aros nawr mewn cysgodion ochr draw,
a phwy sy'n cysgu ger y lli?
pan own ni ar y llawr, yn marw yn y glaw,
heb wên na gair est ti.

Rwy'n dal i fyw, mae'n fywyd iach,
tra mad yw glesni'r bore,
atgofion cas sydd wedi mynd,
rwy'n ceisio gwneud fy ngore.

O goron graig i fantell môr
gorweddai'r bore wedyn,
fel cannwyll gobaith y golau clir,
mor fad oedd ei ymestyn.

Cân 18

MAE'R NOS WEDI DOD I BEN

Sgrifennes i hon ar ôl i fi gâl ysgariad. Fe sgrifennes i hi'n wreiddiol yn Holmead Road yn Llunden, pan o'n i'n byw yn yr un tŷ â Garry Farr, mab Tommy Farr, reit ar draws ffordd i Stamford Bridge, ca' pêl-drôd Chelsea. Ma' Gary nawr yn gweitho fel ffotograffydd yn California.

Teitl gwreiddiol y gân odd '*I Don't Understand at All*', ac ma' hi'n mynd 'nôl i'r cyfnod cyn i fi briodi. Ond fe wnes i addasu'r gân ar ôl i fi gâl ysgariad. O'n i'n gweld bod y geirie'n dod yn handi i'r sefyllfa.

Es i drwy gyfnod tywyll ofnadw ond cynhyrchiol. Y trwbwl odd, o'n i'n sgrifennu rhwbeth a'i anghofio. Odd hynny'n digwydd yn amal. Ond fe ddâth pethe positif o'r cyfnod, diolch i Giorgio Gomelski. Pennaeth cwmni records Marmalade ar y pryd odd Giorgio ac fe ddâth â'r hen fois *blues* draw o America. Fe gafodd e weledigaeth y bydde'r rhain yn mynd lawr yn dda 'ma. Yn y States o'n nhw'n gneud dim byd ond gorweddian amboitu ond fe ddâth e â phobol fel Sonny Boy Williamson, John Lee Hooker a Howling Woolf draw 'ma ac fe wnâth hynny roi cyfle i fois fel Bernie Holland a Brian Godding i whare gyda'r cewri. Fe wnath Bernie a Brian wedyn whare lot gyda fi.

Ychydig yn ddiweddarach fe ges i gontract i sgrifennu caneuon i Warner Brothers a ffrwyth y cysylltiad hwnnw odd y record hir Saesneg *Outlander* sy mas o brint ers blynyddodd. Ma' nhw'n gweud bod hi'n werth tipyn o arian erbyn hyn.

Ysbryd Solfa

Cyhoeddiadau Sain

44

19. Ysbryd Solfa

Ar lannau llwm yr aber trist
yn wlyb diferu yn y glaw
i freuddwyd glas y dyddiau gynt
mewn cof rhaid mynd yn awr.
Rwy'n cofio'r estron Sais yn dod
i falu'r dyffryn hwn nes bod o'n farw.

Cytgan:
Mae ysbryd Solfa'n galw nawr,
ei dolydd sydd dan droed y cawr
a'i choed mewn carchar.

Mewn drych o ddagrau fel y gwlith,
yn sgrech yr wylan, clyw ei llais.
Llongau'n hwylio, hwylio'n hwyr,
brodorion yn mynd ymaith.
Dieithriaid sydd yn dwyn y cwm
mewn cadwyn mae y dyffryn hwn
ac mae o'n farw.

Yma, nawr, diwedd y gân,
mewn gwair, mi gysga i efo hi.
Mi dafla i'r dagrau 'nôl i'r môr
i donnau gwyrdd y lli.
Cymdeithas wedi boddi'n llwyr
breuddwyd gwallgof, Duw a ŵyr
yn nyffryn Solfa.

Cân 19

YSBRYD SOLFA

Ma' hon yn gân broffwydol. Fe sgrifennes i hi'n wreiddiol 'nôl tua 1964 yn Saesneg dan y teitl '*Ghosts of Solva*'. Ond ma' hi'n gân sy'n gwbwl fodern hefyd. Cân am y mewnlifiad yw hi, cân am y *colonials*, ne' fel bydde Mam-gu'n gweud, yr *Home and Colonials*.

Odd y mewnlifiad yn dechre digwydd ganol y chwedege, ond dim ond dechre odd e. Fe weles i'r peth bryd hynny ac 'wy'n cofio câl 'y nhowlu mas o dafarn leol am bregethu yn erbyn y peth pan o'n i'n 16 oed.

Ma'r mewnlifiad yn Solfa, fel ym mhobman arall, wedi câl effeth ddrwg ar y Gymrâg. Ond ddim yr iaith yw'r unig beth sy'n diodde. Ma' fe wedi câl effeth ddrwg hefyd ar yr holl ffordd o fyw. Ma' fe'n difetha'r asgwrn cefen.

Ma' un enghraifft dda yn Solfa nawr. Odd hen gapel yn Solfa Ucha heb 'i dwtsh. Un o hen gapeli bach y Bedyddwyr ac odd e'n edrych fel rhwbeth mas o Sain Ffagan. Ma' rhyw *estate agent* ne' *accountant* ne' rwbeth tebyg wedi'i brynu fe ac ma'i swyddfa fe yn festri'r hen gapel. 'Wy ddim yn grefyddol o gwbwl ond ma' hyn yn rhwbeth sy'n 'y mrifo i.

Y cwestiyne mowr ma' 'Ysbryd Solfa' yn 'i ofyn yw — Pwy yw'r gofalwyr? A ble ma' nhw?

Yr Incredibyl Seicedelic Siliseibyn Trip i Grymych

20. Yr Incredibyl Seicedelic Siliseibyn Trip i Grymych

Trip i Grymych
gan Harri Meredydd Davies o Solfa

Yn ardal ni, 'sdim mwg na thes
ac mae'r bobol dda yn gweud 'wês, wês'
ond *down below*, maen nhw'n dweud 'Gadeeks'!
ac mae'r fro yn llawn o *English freaks*,
ie, yn y fro, lawr yn y fro Gymraeg.

'Sneb wedi gweld nhw'n gweithio lot
maen nhw'n gwerthu *antiques*, tyfu pot
gwisgo lan fel bois y Frenni
mewn welis gwyrdd ar Garreg Menyn
lawr yn y fro Gymraeg.

'Sa i'n gweud ei fod yn mynd rhy fynych
i dorri hedd cymdogion Crymych
mae cyfoeth yr ardal yn edrych lan
nhw sy'n prynu'r hen grocs a'r carafáns
lawr yn y fro, lawr yn y fro Gymraeg
seni' nhw'n byta lot,
ambell i daten a'r hen shalot,
maen nhw'n gweithio hefyd gawl heb gig
llonydd i'r defed a'r moch yn y grug
yn y fro, ie yn y fro Gymraeg.

Maen nhw'n gwybod popeth am *astrology*,
crefyddau'r dwyrain gwrechcrafft, *anarchy*
mae'r druan Glas mor dwp a ffôl
chasio bob man ar eu hôl
Too much yw *Operation Julie*.
Asid, *kitchen*, sbîd — hen ddwli
pechod i ni sy'n talu'r trethe
hela ar ôl shwt fath o dacle,
lawr yn y fro Gymraeg.

Roedd *festival* 'da nhw yn yr haf
roc a rôl yn y tywydd braf
meddwi, mwgi, tancio'n llawn,
dawnsio'n borcyn bob prynhawn
yn y fro, dawnsio yn y fro Gymraeg
ond paid corbelo, paid mynd mor boeth,
diniwed glân yw dawnsio'n noeth
tethe'n fflachio yn yr haul
cael dy gorff lawr yn y gwair
baniwch hwn, paid bod mor ffôl
mae Bryn yn dangos ei ben ôl.

Er bo' fi'n gweud ma' Harri Meredydd Davies o Solfa wnâth sgrifennu'r gân yma, teyrnged iddo fe yw hi mewn gwirionedd. Wncwl Harri odd Harri Meredydd Davies odd yn câl 'i alw yn Harri Discharge am ma'i waith e odd rhofio calch mas o'r llonge bach odd yn dod mewn i Solfa.

Odd Harri yn ddyn deallus, odd yn gwbod popeth am anifeilied a hela ac odd e'n gallu yfed peint mewn peder eiliad. Odd dim llwnc i gâl 'dag e. Odd e'n gymeriad uffernol. Odd dim ishe LSD ar Harri i fod yn seicadelic.

Odd e'n gyfarwydd â Ffair Feigan lan yng Nghrymych ond ma'r gân yn sôn am yr adeg pan odd yr hipis yn cynnal y ffair ac yn gneud pob math o bethe od. Hipis naturiol odd rheini, dim y *new age travellers* sy ar hyd y lle heddi.

Fuodd Wncwl Harri yn gweitho yn y chwarel ithfaen yn Felinganol a fan'ny gadd e'i addysg gyda Harri Shincyn. Odd wncwl arall i fi, Walter, yn brentis i Harri Davies.

Ond er bod y Saeson dierth yn meddwl bod Wncwl Harri yn câl ei alw'n Harri Discharge am bo' fe wedi câl 'i dowlu mas o'r fyddin, câl yr enw oherwydd 'i waith yn rhofio calch a glo o'r llonge 'nâth e. Odd y llonge bach ar 'u hochre a'r calch neu'r glo yn câl 'i rofio mas a'i losgi.

Odd 27 o longe wedi'u cofrestru yn Solfa a'r llong galch ola i gâl 'i chofrestru yno odd yr *Annie*, llong Capten Bill Jenkins, y boi cynta i fynd â fi mas ar y môr. Erbyn heddi dos neb yn gwbod be ddigwyddodd i'r *Annie*. 'Sdim unrhyw sôn amdani na beth ddigwyddodd iddi.

Pigo madarch yn y parc
dal i bigo *in the dark*
ond beth sy'n synnu *chefs* y fro
ti'n bwyta nhw, ti mas o'th go.
Far out man, you really flip.
'Sdim byd fel y Crymych trip
yn y fro, tangnefedd yn y fro Gymraeg.

Yn y London House oedd rhyw foi,
aelod brwd o'r *Peace Convoy*
ebe fe, oedd 'dag e ffrind
a gâth ei gorff lawr gyda Bryn
a'r cewri oll i gyd yn chwerthin
pan ffeindiodd Gwynfor ei fod e'n perthyn
i un o'r hipis noeth y ffair,
mae wedi galw'r babi Gwair, neu Mair,
ie, Gwair Mair Cymraeg ac ati.

Tywyllwch

(Mae Dracula ym mhobman!)

21. Tywyllwch
(Mae Dracula ym mhobman!)

Tywyllwch wyt ti'n fflachio'n hwyr
cyflymach nag ma'r byd yn troi
ac mae'r gwir yn ffoi
dim ond gyda'r nos ti'n deffro
does neb yn gweld dy wyneb di
cysgod du.

Cytgan:
Rwyt ti'n gwisgo du a meddwl du, fy ffrind
dwi'n amau fod dy ben yn dechrau mynd
dallineb porffor pryfed yn y glaw
gwallgofrwydd llwyd yn slempian yn y baw.

Paradwys yn y *sauna* preifat,
nefoedd gyda cherdyn aur
ond paid dweud gair
Tecilas fel y machlud haul
grawn yn hongian dan y dail
gwin ar gael.

Hwrens hardd Modigliani
Canibals y caffi llwyd
disgwyl bwyd
yfed margeritas sur
cnoi'r cnawd a malu'r gwir
dannedd hir
newyn anifeiliaid yn y coed
gwefusau coch na welwch byth erioed.

Cân 21

TYWYLLWCH

Cân eitha newydd o'r pum mlynedd dwetha yw hon. 'Wy'n credu bod 'na rhyw fath o egni tywyll o gwmpas yn y byd — egni negyddol, pobol negyddol, pobol dywyll. Ma' Dracula yn bod o hyd ac ym mhobman.

Ddim mewn unigolion yn unig ma'r egni tywyll 'ma. Ma' fe'n gallu lledu drw'r gymdeithas fel ddigwyddodd yn hanes pobol fel Hitler a Stalin. Chi'n gallu ymdopi ag un dyn drwg ond ma'r *vibes* ma' nhw'n gynhyrchu yn fwy anodd i ddelio â nhw.

Dim sôn am y frwydr rhwng y diafol a Duw ydw i ond am ddrygioni fel rhan o'r egni sy mewn pobol. Er enghraifft, os y'ch chi'n mynd mewn i dŷ pobol dda, chi'n gallu teimlo ar unwaith bod awyrgylch dda yno. Ma' pawb ohonon ni yn cynhyrchu rhyw fath o awyrgylch a phan ma' criw arbennig yn arwen pobol lawr ar hyd llwybre tywyll ma' drygioni yn tyfu. Dyna'r math o beth gewch chi yn *Les Fleurs du Mal* — Blodau Drygioni — gan Baudelaire.

Ma'r gân hon yn un o nifer 'wy wedi sgrifennu ar thema'r egni tywyll 'ma.

Er Cof am Blant y Cwm

Ⓗ *Cyhoeddiadau Sain*

22. Er Cof am Blant y Cwm

Melyn aur a choch, mae'r byd yn troi,
ym mynwent nos mae'r eira'n fôr o dan y lloer,
llwyd a gwyn ac arian rhwng y tonnau du,
tonnau trist yr atgof wnes i gladdu ddoe.

Cytgan:
Trwy fflamau distaw hydref af,
cyn rhew y gaeaf llwm.
Dros grib y Moelfryn, af am dro
er cof am blant y cwm.

Mae lleisiau plant yn chwarae'n galw draw
a lawr y cei mae'r cychod hwyr yn hwylio mas,
cariadon yn y grug o dan yr eithin gwyllt,
cusanodd yn y machlud ar y cribin glas.

O bont Caerforiog lawr i allt Caerfrân,
mi grwydrais hyd y dyffryn yn yr awyr iach,
swper fydd y brithyll aur o Felin-bach
a dwy gwningen wedi'u blingo yn y sach.

Cân 22

ER COF AM BLANT Y CWM

Hon yw'r gân ddwetha i fi sgrifennu. O'n i wrthi'n gorffen y sesiyne recordio yn Stiwdio Sain 'nôl ym mis Ionawr ac odd gormod o ganeuon 'da fi. Benderfynes i adel tair cân allan o'r record. Ond odd angen cân newydd arna i hefyd, un fydde'n ffitio i thema'r record ac fe ddâth hon i fi mas o'r awyr. O'n i wedi colli Mam, a ddâth y geirie i fi wrth feddwl amdani hi.

Odd y dôn gyda fi ers amser, ers tua 1963, os 'wy'n cofio'n iawn. Ma' lot o done fel'na 'da fi. 'Wy'n 'u cyfansoddi nhw ac wedyn yn 'u anghofio nhw nes bod rhwbeth yn digwydd i'w deffro nhw. Ac fel'ny ddigwyddodd hon.

Ar diwedd y sesiwn odd pawb wedi pacio'u hofferyne a pharatoi i adel. Ond fe wnes i whare a hymian y dôn i Richard Dunn a gweud wrtho fe am 'i whare hi ar y piano. Fe wedodd e bo' fe'n leico hi ac fe es i i'r gornel a sgrifennu'r geirie mewn tua cwarter awr ac fe recordion ni hi yn y fan a'r lle.

O'n i'n gwbod shwd gân odd hi i fod — cân i Mam a'i chenhedlaeth hi. 'Sdim llawer ohonyn nhw ar ôl erbyn hyn. Ac ma'r gân, fel lot o 'nghaneuon i, yn mynd 'nôl i Solfa a'i ddyffryn hyfryd pan o'n ni'n blant.

Yn ddiddorol iawn, odd hon yn un o dair cân hales i mewn i gystadleuaeth 'Cân i Gymru', ond gafodd hi 'i gwrthod. Hon odd y gore o'r tair 'da fi. Ond dyna fe, chi byth yn gallu dibynnu ar feirnied, odi chi?

Yr Eglwys ar y Cei

Cyhoeddiadau Sain

23. Yr Eglwys ar y Cei

Y mae llongau sydd yn hwylio dros fynyddoedd gwyllt y don,
hwylio draw o Norwy ers oes i'r ynys hon
mewn llongau cry o goed a dur, mae'r rhain yn rhoi i fi
dros foroedd oer y gogledd i ddociau llwyd Caerdydd,
i ddociau llwyd Caerdydd.

Cytgan:
Efallai dim ond breuddwyd, ond siŵr mi welais i
y bae yn llawn o hwyliau y llynges gynt a fu,
y llynges gynt a fu.

Sgŵners a Stavanger, clipers Baltimore,
brics o Casablanca a Califfornaio,
tafarnau Bute a James Street yn llawn o forwyr glas,
aros maent am lanw llawn er mwyn cael hwylio mas,
er mwyn cael hwylio mas.

Y mae yng Nghaerdydd hen eglwys bren sy'n sefyll ar y cei
ac un yn Abertawe ar y dociau ger y bae,
er cof am goed gwyn Norwy a aeth i'r pyllau du
i goliers dewr y cymoedd eu glo oedd fel y lli,
a'u glo yn llenwi'r lli, eu glo oedd fel y lli.

Iechyd da i'r llongwyr a'u llongau ar y don
a hwyliodd drwy y stormydd i'r ynys fechan hon,
a iechyd da i'r coliers, 'sdim lot mewn gwaith ddim mwy,
ffarwél i'r glo, mae'r byd yn troi, i niwclear a nwy
i niwclear a nwy.

Cân 23

YR EGLWYS AR Y CEI

Fe hales i hon hefyd mewn i gystadleueth 'Cân i Gymru'. Ond fe sgrifennes i hi'n wreiddiol i Weinyddiaeth Celfyddydau Norwy ar gyfer cyfarfod ailagor yr hen eglwys Norwyaidd yn y docie yng Nghardydd.

Odd rhyw foi odd yn gweitho fel cynllunydd dinesig yn Norwy wedi bod yn un o 'nghyngherdde i ac wedi leico'r hyn odd gen i. Ac fe ddâth e ata i wedyn a gofyn i fi sgrifennu cân ar gyfer ailagor yr hen eglws. Odd e ishe cân am gysylltiad yr eglws â'r llonge a'r llongwyr. Am wahanol resyme, chafodd hi ddim o'i pherfformio. Oherwydd hynny fe benderfynes i 'i hala hi i gystadleueth 'Cân i Gymru' eleni.

Cân fach canol y ffordd yw hi, cân syml sy'n esbonio'i hunan.

O sôn eto am 'Cân i Gymru', fe hales i ddwy gân mewn y flwyddyn gynta gadd y gystadleuth 'i chynnal. Y ddwy odd 'Ddaeth Neb yn Ôl' a 'Shwmai, Shwmai?' Fe ddaethon nhw i'r ffeinal ond 'wy'n credu ma' cân 'da Geraint Jarman a Heather wnâth ennill.

Sylvia

Cyhoeddiadau Sain

24. Sylvia

Ffoadur oedd fy nghariad,
wastad wrth ei hun.
Mae'n hedfan nawr, fel ysbryd,
a'i chorff mewn twll yn ffos y ffin.

Cytgan:
Ond cariad wnaeth droi i ddiferyn o ddŵr
sy'n llifo fel eog i'r môr.

Pobman roedd hi'n teithio,
mor unig ac mor drist,
yn chwilio am waredwr:
Buddha bach, neu Iesu Grist.

Cytgan:

Telynwyr llwyd y lleuad,
cerddorion aur yr haul.
Sy'n plannu cledd y gwenwyn,
lledrith madarch 'mysg y dail.

Cytgan:

Ofnadwy yw ei llygaid,
'Y Famwst' yn ei chri,
ond mae'n magu'r nos a'r hunllef,
cuddio'i dawn dan amdo du.

Cytgan:

Rhy hwyr i ddal ei dwylo,
i'w hachub hi o'r ffau,
lle bu'r diawl yn clymu'r enaid
am byth, mae'r llygaid glas ar gau.

Cytgan:

Cân 24

SYLVIA

Y Sylvia yn y gân yw Sylvia Plath, y bardd a'r awdur trist ond ma'r gân wreiddiol yn mynd yn ôl lawer ymhellach. Cân Saesneg odd hon eto, o'r cyfnod 1964-5 pan o'n i ym Manceinion. Ei henw gwreiddiol hi odd 'The Libby Waters Song', cân am ferch odd yn astudio piano clasurol yn y Coleg Cerdd.

Flynyddodd wedyn, a finne ar 'yn ffordd i Helsinki, fe wnes i ddarllen *The Bell Jar* gan Sylvia Plath ac rodd yr awyrgylch odd yn dod i fi o ddarllen y llyfyr yn fy atgoffa i o'r ferch arall yma o'r chwedege ym Manceinion. Odd yr un unigrwydd, rywffordd, yn perthyn i'r ddwy.

Ma' hi'n gân hefyd sy'n ymwneud â symudiad y menywod. Odd dim whare teg — a 'sdim o hyd — i ferched mewn lot o feysydd cymdeithasol ac yn y blân ond yn benna ma'r gân yn rhwbeth dyfodd o'r atgof am y ferch ym Manceinion wrth i fi ddarllen *The Bell Jar*, rhyw fath o unigrwydd anodd 'i esbonio. Yr hyn wnes i odd ceisio creu a dangos beth o'n i'n deimlo.

Dociau Llwyd Caerdydd

Cyhoeddiadau Sain

25. Dociau Llwyd Caerdydd

Mor las yw golau'r wawr yn nociau llwyd Caerdydd,
mor agos mae yr awr i hwylio;
wele'r llong yn paratoi, brysio mae'r holl longwyr,
clyw sŵn y gadwyn ddur, mae'r angor yn codi.

Cytgan:
Rwy'n mynd i hel fy ffortiwn, dros y môr i America,
hiraeth fydd gyda mi, ffarwél i wlad y gân.

Rwy'n falch mewn ffordd o fynd, mae'n anodd ei esbonio,
ond taro mae fy nghalon yn drymach na'r coed derw.
Does dim atgofion cas, mae'n well i gofio'r canu
ar ryw nos Sadwrn bach, Hannah Mair yn caru.
Cytgan:

Ond ar y trydydd dydd, disgynnodd y stormydd,
roedd wyneb gwyrdd y dŵr mor uchel â'r mynyddoedd,
sgrechen oedd y gwynt, dechreuodd y daran,
fel corcyn oedd ein llong yn nhrobwll chwyrn yr afon.
Cytgan:

Cân 25

DOCIAU LLWYD CAERDYDD

Ma' hon yn dod o'r opera roc na welodd eriôd ole dydd, 'Hirdaith a Chraith y Garreg Ddu'. Ma'r môr wedi bod yn bwysig i fi eriôd. O'n i'n arfer pysgota lot ac o'n i ishe mynd i'r môr pan o'n i'n grwt ond ffaeles i gâl mynd i'r *Merchant Navy* am bod llyged gwan 'da fi. Ond fe âth lot o'n ffrindie i.

Pan o'n i'n grwt bach o'n i'n câl mynd mas mewn cwch gyda Capten Bill Jenkins, Sharkey Phillips, Douglas Thomas a bois erill yn Solfa, Abergwaun, Abereiddi a Milford. Odd fy nghartre i, Harbour House, reit ar lan y môr. Fe godwyd y tŷ i ryw foi o'r enw Henry Whitesides Williams. Fe wnâth gynllunio goleudy'r Smalls — yr un gwreiddiol. Fe adeiladodd e'r goleudy o goed wedi'u gosod ar goese mawr dur ond un noson fe chwythwyd e lawr. Odd y cynllunydd a rhai pobol erill ynddo fe ar y pryd a fuodd yn rhaid i griw o Solfa rwyfo mas i'w hachub nhw.

Odd yr Henry Whitesides Williams 'ma yn enwog iawn. Ddim am adeiladu goleudai ond am adeiladu harpsichords. 'Sdim rhyfedd bod y blydi goleudy wedi câl 'i hwthu lawr. Odd e siŵr o fod wedi'i gynllunio fe ar siâp harpsichord.

A gweud y gwir, ma' hon yn stori nodweddiadol am Solfa. Odd y lle yn llawn ecsentrics, ac odd Henry Whitesides Williams yn un ohonyn nhw.

Mynd i Ffwrdd Fel Hyn

Cyhoeddiadau Sain

26. Mynd i Ffwrdd Fel Hyn

Creulon ydi'r gwenu,
finnau'n dechrau synnu
ac oer yw cannwyll cariad, marwaidd fflam.
Sgrech y brain mewn coron ddrain
fy nghariad, a fy ffrind.

Cytgan:
Wyt ti'n meddwl bod e wedi darfod?
Wyt ti'n meddwl bod e wedi mynd?
Wyt ti'n meddwl bod ti'n gallu mynd i ffwrdd fel hyn?

Wyt ti'n amau bod ti ddim mewn cariad
yn dy fwthyn dan y muriau?
Ond esgus ydi'r bywyd newydd hwn,
gwên y gwin a dringo'r graig,
maen nhw wedi clymu'r rhaff mor dynn.
Cytgan:

Gwrthodiad ydi'r neges,
hunanddigonol yw y bregeth
a finnau'n cysgu'n amal efo'r gwn.
Synhwyrus, esmwyth, croen a gwallt
dy arfau byth mor llym.
Cytgan:

Wyt ti'n gallu troi y gyllell eto?
Wyt ti'n gallu troi y gyllell, ffrind?
Wyt ti'n meddwl bod ti'n gallu mynd i ffwrdd fel hyn?

Cân 26

MYND I FFWRDD FEL HYN

Ma' hon yn dod o'r cyfnod hwnnw pan dorrodd pethe lan rhwng Gwenllian a fi. Ma' hi'n dod 'chydig ar ôl 'Môr o Gariad' pan odd Gwen wedi mynd i fyw i Gaernarfon yn 'i 'bwthyn dan y muriau' a finne wedi mynd i fyw ar ben 'yn hunan i Gardydd a'i strydoedd oer.

Fe dreulies i'r peder blynedd nesa yn teithio o gwmpas. Odd pobol yn meddwl, siŵr o fod, bod rhwbeth yn od yndda i. O'n i ddim ishe bod yn yr unfan o gwbwl. Fe deithies i lot — y Cyfandir, a Llunden yn arbennig. Fe wnes i fynd rownd tafarne Llunden lot fawr. Odd lot o fandie tafarn wrthi ar y pryd. Odd y Pogues jyst wedi dechre a phobol fel Hank Wangford a Graham Parker yn whare'n rheoledd. Wnes i wrando lot ar fandie byw. O'n nhw'n rhoi lot mwy o bleser i fi.

Odd rhaid i fi fod allan, symud o le i le er mwyn câl rhyw fath o lonydd.

Noson Oer Nadolig

Cyhoeddiadau Sain

27. Noson Oer Nadolig

Clychau arian cyn y wawr, cyn y wawr, cyn y wawr,
daw i'r byd lawenydd mawr
ar noson oer Nadolig.

Celynnen werdd a'r uchelwydd,
eu grawn yn goch, eu grawn yn wyn
a'r eira'n lluwchio dros y llyn
ar noson oer Nadolig.

Yn ei gar llusg, daw Siôn Corn
i blant o Tseina a Sir Fôn
ar noson oer Nadolig.

Syndod rhyfedd yn y nos,
ffrwythau ac anrhegion tlws
ar noson oer Nadolig.

Cofiwch, blant, am faban clyd,
gwellt y preseb oedd ei grud
ar fore dydd Nadolig.

Cân 27

NOSON OER NADOLIG

Cân i blant yw hon a sgrifennwyd ar gyfer un o raglenni'r gyfres 'Miri Mawr' ar HTV. Dwi ddim yn grefyddol ond ma' Nadolig yn bwysig i fi fel gŵyl ar gyfer plant. Yn anffodus does dim llawer o garole Nadolig newydd i blant yn câl 'u sgrifennu. Ma' hon yn un, ac ma' hi'n gân syml iawn, fel y dyle carole i blant fod.

Pan o'n i'n blentyn odd Nadolig yn golygu llawer iawn i fi, fel i bob plentyn ym mhobman, ond odd dim lot o anrhegion i gâl. Dydd Nadolig odd yr unig ddwrnod yn Solfa pan fydden ni'n câl ffowlyn i ginio. Odd ardal Solfa yn ardal dlawd ac fel'na odd pobol yn byw. Cawl a bara menyn odd y bwyd arferol, a digon o gwningod.

Eto i gyd o'n i'n gyfoethog o ran bwyd môr. Odd digon o gimychied a chrancod i gâl, bwyd sy'n ddrud iawn heddi. Odd digon o bysgod o bob math yn cyrradd y bwrdd bwyd yn tŷ ni gyda'r pysgotwyr yn dod â nhw 'nôl o'r *trawlers* yn Milford a'u rhoi nhw i'r teuluodd lleol.

*Yn dair oed
ar Sgwâr Trafalgar*

Llygaid Llwyd

28. Llygaid Llwyd

Llygaid llwyd y plentyn bach
sy'n gweld y llongau'n mynd ymaith
o'r cysgod glas a'r rhwyd yn troi
i borffor ar y traeth.

Cytgan:
Llongau'n deffro dan y gribyn
rhaffau'n dynn fel tannau telyn
hwyliau niwlog i'r gorllewin
sy'n toddi yn y machlud melyn.

Dyma lun y llanw llawn
cychod cerrig gleision Dyfed
adlais dur, a'r rhwyfau hir
dros ddrych o ddŵr yn hud yr Hydref.

Ffrwydriad hwyr o ddisgyn dail
gweledigaeth, gwir dangnefedd;
golau hudol, hed yr haul
o flaen ein llongau rhyfedd.

Cân 28

LLYGAID LLWYD

Rhyw fath o hunanbortread yw hon, cân arall am ardal Solfa odd yn lle ardderchog i fagu teulu. Odd e'n lle saff iawn i blant. Ond heddi dos dim lot o blant ar ôl 'na.

Ma' lot fawr o 'nghaneuon i wedi dod o Solfa. Ma'r lle wedi câl dylanwad mawr arna i ac ar y ffordd 'wy'n meddwl — a dylanwad Solfa sy'n gyfrifol am y ffordd 'wy'n gweld y byd.

Ma' pobol Solfa hefyd wedi bod yn ddylanwad mawr arna i, pobol fel Mam, wrth gwrs, ac Wncwl Harri Discharge. Odd Wncwl Harri'n arfer gweud ma' cachgi yw'r môr — am na alle'r môr neud dim heb gefnogaeth y gwynt.

Odd Harri Shencyn wedyn yn gymeriad mawr. Odd e rwbeth yn debyg i Eirwyn Pontshan. Un dwrnod odd e'n cerdded yn feddw drw'r pentre a'r ficer yn cwrdd ag e a gweud, 'Yn feddw heddi eto, Harri.' A dyma Harri yn troi at y ficer a gweud, 'A finne hefyd, ficer bach.'

Ma'r gân hon yn ail-greu'r darlun o ddyffryn Solfa fel o'n i'n 'i weld e pan o'n i'n blentyn bach, pan odd e'n nefodd i blant fel fi.

Efo'r teulu ar Stryd Fawr Solfa

Hiraeth Bregus

29. Hiraeth Bregus

Cytgan:
Draw yn y glaw
mewn hydref yn Tangiers,
maglu mewn mes,
penbleth yn fy llaw.

Ti yn y nos
mewn hydref yn Tangiers.
Diwedd y ras
mae'r ateb yr ochr draw.

Gwylanod glas yr haul.
Llygad y gwynt
adenydd y storm
ar goll ar ei hynt
cadwch draw o'r tir
lle mae'r bobl yn byw
ffyrnigrwydd ei lynges
casineb y criw.

Angau y tonnau
ar y llanw mor ddu
gorweddant yn dawel
ar wefus y lli,
ein holl gyrff i'r aberth
tynged mor ddu
chwerthin fel ffylied
mewn *boudoir* y lli.

Cytgan:
Draw yn y glaw
hydref yn Tangiers.
Maglu mewn mes
penbleth yn fy llaw.

Ti yn y nos
hydref yn Tangiers.
Diwedd y ras
mae'r ateb yr ochr draw.

Cân 29

HIRAETH BREGUS

Sgrifennes i'r gân yma tua phum mlynedd yn ôl ac ma' hi'n rhyw fath o adlais o drip seicedelic 'Sandoz yn Loudon Square'. Rhyw fath o ffrwyth ddâth o weitho gyda'r canwr Ffrengig Hubert Felix Thiefaine yw hon, bachan od yn sgrifennu caneuon swreal. Odd e'n sgrifennu caneuon fel odd Salvador Dali yn paentio; caneuon bisâr yn llawn delwedde od iawn.

Ma'n beth rhyfedd shwd ma'r holl ganeuon 'ma'n dod. I fi ma' nhw'n dod mor hawdd ag eriôd. A gweud y gwir, ma' ishe i fi fynd mewn i'r stiwdio nawr, felly ma' ishe caneuon newydd arna i.

Ma' Sain yn leico bo' fi'n gneud record bob rhyw ddwy flynedd, felly dwi ddim yn câl gneud record bob tro 'wy ishe. A fydda i byth yn gneud demos. 'Sda fi ddim amynedd â phobol yn dod i'r tŷ i'n recordo i a ffidlan amboitu â phethe electroneg. 'Wy'n leico stiwdio go-iawn. Ac fe fydda i'n iwso stiwdio, mewn ffordd, jyst fel iwso offeryn arall.

Cathy (Bibopalwla'r Delyn Aur)

30. Cathy (Bibopalwla'r Delyn Aur)

Cathy yn chwarae yn y dafarn bob nos,
chwarae roc a rôl ar yr hen gitâr,
mae'r awyr yn llawn o fwg a stŵr,
neb yn cymryd sylw wrth y bar.

Cytgan:
Bob nos, bob nos mae'n mynd i'r ffair,
seren y dafarn yw Catherine Mair,
Tele* bach tlws o dan y stâr,
Bibopalwla'r delyn aur,
Bibopalwla'r delyn aur.

Tafarn Sul yn City Road
beicars a pyncs, y meddwyns a'r ffôl.
Gwydrau'n fflachio ar y bwrdd,
maen nhw'n dod i weld Cath a'i roc a rôl.

Pump troedfedd o fiwsig hwyl a sbri,
canwch y blws i'r Gwyddelod mwyn,
potel o *Smirnoff* yn ei handbag du,
swig ar y slei cyn plygo mewn.

Dyma gân i Bil ac un i Jean,
Phillips yn ymuno ar yr organ geg,
Tele* yn fflachio ar ei ben-glin,
Micky yn ymuno a whare'n deg.

(Telecaster)

Cân 30

CATHY (BIBOPALWLA'R DELYN AUR)

Cân yw hon am Cathy Chapman, merch o Gardydd sy'n gyfnither i Dave Edmunds. Odd mam Cathy a tad Dave yn chwâr a brawd. Odd Dave, cyn mynd i whare ar 'i ben 'i hunan, yn arfer whare gyda Love Sculpture gyda John Williams a 'Congo' Jones. A buodd Terry Williams, wedyn o Dire Straits, yn whare gyda nhw. Fuodd Dave hefyd yn whare gyda Rockpile ac fe adeiladodd e Stiwdio Rockfield ger Trefynwy gyda'r brodyr Ward.

Odd Cathy yn arfer whare yn y tafarne rownd Cardydd, yn arbennig ardal City Road. Whare gitâr odd hi, Telecaster gwyn. Dyna beth yw'r 'Tele bach tlws o dan y stâr' yn y gân. Yn ogystal â whare'r gitâr odd hi hefyd yn gantores wych iawn. Buodd brawd iddi yn whare i UFO a Skid Row. Ma' fe nawr yn byw yn America.

Am ryw reswm ma'r pennill ola o'r gân wreiddiol wedi'i adel mas o'r albwm, ac wedi'i adel mas o'r llyfyr 'ma hefyd. Tybed be ddigwyddodd iddo fe?

Odd Cathy, wrth gwrs, yn dilyn traddodiad y canu tafarne a chlybie sy wedi bod yn bwysig o Bob Dylan ymlân. A dwi wedi gneud hyn o'r dechre. Ac o sôn am Bob Dylan, 'wy'n cofio adeg 'y nghyfnod i yn y Coleg Celf, o'n i'n caru â merch o Henffordd ac un dwrnod dyma hi'n whare record i fi. Ac fe wnes i wherthin wrth 'i chlywed hi. 'Pwy ddiawl yw hwn?' medde fi. Beth odd hi ond record gynta Bob Dylan, ac fe wnes i sylweddoli ar unwaith nag odd hi'n ddim byd ond *rip-off* o Woody Guthrie a *negro blues*, pethe fel '*See That my Grave is Kept Clean*', '*Gospel Plough*' a '*Baby, Let me Follow You Down*' — jyst y math o beth o'n i wedi bod yn 'i neud.

Wedyn, yn ddiweddarach yr un flwyddyn dyma fi'n clywed *The Freewheelin*, Bob Dylan, 'i ail record hir e a chlywed caneuon fel '*Don't Think Twice*' a '*Blowing in the Wind*'. Wow! Odd y boi 'ma'n gallu cyfansoddi gystal â Woody Guthrie. Odd e'n *spot on*.

Cyn hynny odd dim cyfansoddwyr i gâl, dim ond crap Tin Pan Alley a dyma'r boi 'ma yn dod mas o'r gofod, ne' i fod yn fanwl, o Hibbing, Minnesota.

Ble ddiawl ma' Hibbing, Minnesota, odd pobol yn gofyn. Ond dyna fe, odd pobol yn gofyn hefyd, ble ma' Solfa, Sir Benfro?

Whare'n Noeth

31. Whare'n Noeth

Cân 31

WHARE'N NOETH

Rwy'n cofio cwrdd â ti
mewn cylchoedd llwybrau cul
sydd byth yn dod i ben.

Sefyll ar y weiar tyn
uwch y perygl a'r poen,
sêr oedd yn dy ben,
yna gofynnais 'pwy wyt ti?'
Edrychaist arna i,
atebaist jyst fel hyn:
'dwi'n dod o bell i ffwrdd.
Dwi ddim yn byw fan hyn.'

Ac wedyn yn y bistro nwyd
mewn swae a fflachio hyll.
Rhyfedd oedd y gair
a rhyfedd oedd ein sgwrs
fel mil o ystlumod gwyllt
yn nhân y delyn aur,
mae'n amser i mi fynd.
Rwy'n teimlo mas o le.

Dros y cyffiniau rhedest ti
jyst i whare rhan
mewn fideo rhyw ffantasi
mor hawdd â jymp fach ar y bws
efalle yr *express*
i Marseille neu'r hen Amsterdam
gwthiwch y pres yn y tacsi ffôn
paid aros mewn i mi.
Dwi ddim yn dod yn ôl
byth yn dod yn ôl.

Ma' hon eto yn dod o'r cydweithio â Hubert Felix Thiefaine, y Ffrancwr rhyfedd. Ma' hi'n cyfeirio at gyfarfod bisâr â rhyw fenyw ym Mharis, rhyw hipi Ffrengig odd dros y top yn llwyr — ne' falle ma' *bohemian* ddylen i weud, nid hipi.

Odd pobol od yn byw ym Mharis pan o'n i draw yno yn 17 oed. O'n nhw'n dal i fyw'r syniad *existensialism* ddâth yn boblogedd gyda'r *bohemians* wedi'r Rhyfel.

Dreulies i lot o amser ym Mharis. O'n i draw 'na adeg y *riots* yn y Sorbonne. Rodd lot o fynd ar y lle. O'n i'n byw'r rhan fwya o'r amser yn ardal St Michel — ddim yr un lle ag sy yn y gân, gyda llaw — ond yn y Latin Quarter. Odd caffi 'na gyferbyn â Notre Dame de Paris lle o'n i'n gallu cysgu. Popoff's Bar odd 'i enw fe ac odd perfformwyr fel Rambling Jack Elliot a Happy Traum yn arfer dod yno. Odd hyn 'chydig cyn cyfnod Bob Dylan. Odd dim sôn am Bob bryd hynny, tua 1958-9. Odd y lle yn llawn cymeriade.

Ar y Mynydd

32. Ar y Mynydd

Uwch ar y mynydd mae ysbrydion
lle mae'r gwan yn ofni byw,
aruwch i'r mynydd
lle mae'r barcud yn crynu,
lle fydd rhyw fath o ddiafol
neu ryw fath o dduw.

Yn nyfnder aswy yr ogof
peiriannau disglair mawr
a chân drist, trwm
caethweision llwm
dyrnwyr tragwyddol
dylanwad y cawr.

Mae rhith y dringwyr marw
yn aeron du y llys,
syrthio a hongian
ar y clogwyn yn mwmian
a'r gwynt mor oer
mae'n rhewi'r chwys.

Dros ledred yr Oerddwr clywaf
alarnad y Lledrydd Llwyd.
Doeth neu ffôl,
does dim troi'n ôl
dewis terfynol yr ola glwyd.

Uwch ar y mynydd mae ysbrydion
lle mae'r gwan yn ofni byw,
aruwch i'r mynydd
lle mae'r barcud yn crynu,
lle fydd rhyw fath o ddiafol
neu ryw fath o dduw.

Cân 32

AR Y MYNYDD

Ma'r dôn a'r geirie Saesneg gwreiddiol ar gyfer hon yn dod o'r chwedege ond y geirie Cymrâg yn llawer diweddarach. Cân yw hi am ddringwyr. O'n i'n arfer cymysgu lot gyda nhw. O'n i'n rhyfeddu ac yn edmygu'r pethe o'n nhw'n neud.

O'n i'n gweld lot ohonyn nhw yn Llanberis ac yng Nghamarfon, yn nhafarn y Black Boy a llefydd tebyg. O'n nhw'n edrych yr un fath â phawb arall, yn edrych yn gwbwl gyffredin, ond o'n nhw ddim.

Ma'r gân yn sôn am y dringwyr sy'n fodlon mentro i ben y mynyddodd i fyd goruwchnaturiol, bron. Pobol fentrus 'wy'n 'u hedmygu'n fawr.

Gwenllian

33. Gwenllian

Ti sydd yn adlewyrchu golau'r hydref yn dy wallt.
Ti sydd yn chwerthin fel yr haul, yn rhych y llanw hallt.
Ti sydd yn nyddu dwylaw'r caethwas yn ei sidan swyn,
carcharor ffyddlon fyddaf yma'n rhydd,
yng nghell ei chariad mwyn.

Fel y gwenoliaid yn eu tymor cynnes mae hi'n dod.
Angel y dydd a dirgel nos erioed mae wedi bod.
Gwelwch ei rhyfedd ryw yn bwydo fflamau gwan fy nhân,
carcharor ffyddlon fyddaf wrth ei haelwyd hudol,
cariad glân.

Weithiau ar y gwynt, mae lleisiau gynt yn galw,
yn yr eira ar Eryri, olion yn y niwl.

Ti yw ewynnog frig y tonnau'n yfflon ar y traeth.
Ti yw y crwydryn unig dan y lleuad ar ei thaith.
Dy lygaid gwyrdd yw'r allwedd hardd sy'n agor porth fy nhŷ.
Dy gariad ffyddlon fyddaf tra bo dŵr y môr
yn llenwi'r lli.

Cân 33

GWENLLIAN

Ma' hon yn esbonio'i hunan — cân serch i Gwenllian cyn i ni dorri lan. Ma' hi'n dod o'r cyfnod yn Llydaw, cyfnod 'Rue St Michel' a 'Dic Penderyn'.

Dwi ddim wedi bod 'nôl yn Llydaw nawr ers tua peder blynedd. Ma' hi'n bryd i fi fynd 'na 'to.

Ma' lot o bobol wedi bod yn 'y nghymharu i â Bob Dylan. Ond ma' gwahanieth mawr rhyngon ni cyn belled ag y ma' caneuon serch yn y cwestiwn. Ma' Bob yn gallu bod yn sur, yn gas hyd yn o'd wrth edrych 'nôl ar 'i garwriaethe. Ond dos dim casineb gyda fi. Dwi ddim yn teimlo unrhyw ddig. Pam ddylwn i?

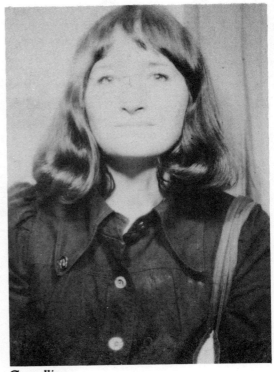

Gwenllian

Cwm Llwm

34. Cwm Llwm

Llwydlas du a gwyn yw'r bore,
tân yn llosgi 'draws y cwm.
Gwelwch yn y golau cynnar,
lowyr yn y pellter llwm.

Wncwl Joe, mae wedi marw
ar ôl oesoedd dan y tir.
Malu awyr ar y gornel,
doedd e ddim yn gweld yn glir.

Daeth o'r fro un bore melys,
i ennill arian mawr aeth o
ym mola tywyll dwfn y garreg,
dydd fel nos, yn palu glo.

Gwelodd uffern yr *explosion*,
gwelodd dân yn berwi'r glaw,
waliau'r pwll yn syrthio arnynt,
a'i fêts yn curo'r ochr draw.

'Sdim un pwll ar draws y dyffryn
yn codi glo eu hoffrwm du,
anodd yw e i'w esbonio.
Druan, druan arnom ni.

Cân 34

CWM LLWM

Sgrifennes i'r gân hon tra ar 'yn ffordd 'nôl o Lydaw. Ar y pryd, tua 1972-4, o'n i wedi câl comisiwn i sgrifennu cyfres o ganeuon ar gyfer cyfres deledu, 'John Morgan at 10.30' ac odd hon yn un ohonyn nhw. Fersiwn Cymraeg yw hi o gân Saesneg odd yn rhan o'r gyfres honno.

Ma'n rhaid bo' fi wedi sgrifennu 28 o ganeuon i gyd ond dim ond un sy ar gâl, '*The Mary Whitehouse Song*', a recordiwyd ar gasét Fflach, *Bywyd ac Angau*. Ma' hynny'n golygu bod 27 cân ar goll yn rhwle. Yn ble, 'wy ddim yn gwbod. Ar y pryd fe ges i ganiatâd HTV i neud LP ohonyn nhw ond odd neb â diddordeb. A nawr ma' hi'n rhy hwyr.

Ma'r gân arbennig hon wedi'i seilio ar y ffaith bod brodyr Mam-gu, Blodwen Dafis, wedi mynd i weitho i'r pylle glo. Odd Wncwl Joe yn byw mewn tŷ o'r enw Solfa House yn Nhreorci, Y Rhondda ond odd e'n dal ishe cadw cysylltiad â'i ardal. Ac un ffordd o neud hynny odd enwi'i dŷ yn Solfa House.

Tân neu Haf

♩ = 65 Roc - araf

*Ar y dolau glas yn cerdded pobol fach ar lwybrau defaid
rhai o'r fro rhai o'r trefi llwm yw'r ffordd i'r gorlan gu - u - u.*

Cytgan
*Rhyw - le dros y nen dydd - ie dyn sy'n dod i ben;
rhyw - le dros y nen fflam - au'n a - ros ar y pren.*

*Ac yn dy ly - gaid tynn (mae'n) fo - re niw - log e - to.
Beth yw'r ots i ti mewn cwsg? Dy freu - ddwyd sy mor wag. Tân neu ha - a - af tân neu ha - a - af tân neu ha - a - af.*

35. Tân neu Haf

Ar y dolau glas yn cerdded,
pobol fach ar lwybrau defaid,
rhai o'r fro, rhai o'r trefi,
llwm yw'r ffordd i'r gorlan gul.

Cytgan:
Rhywle dros y nen,
dyddie dyn sy'n dod i ben;
rhywle dros y nen,
fflamau'n aros ar y pren.

Ac yn dy lygaid tynn
mae'n fore niwlog eto.
Beth yw'r ots i ti mewn cwsg?
Dy freuddwyd sy mor wag.
Tân neu haf,
tân neu haf,
tân neu haf.

Ar y pafin yn y ddinas,
clyw aradlais baw yn galw,
clec adenydd rhwng hen waliau,
llwch a llwyd yw lliw'r golomen.

Ac yn dy law
llai yw bywyd na cheiniogau,
ac yn dy waith y mae dy
freuddwyd fel y claf.
Tân neu haf,
tân neu haf,
tân neu haf.

Ar y dolau glas yn cerdded,
pobol fach ar lwybrau defaid,
rhai o'r fro, rhai o'r trefi,
llwm yw'r ffordd i'r gorlan.

Cân 35

TÂN NEU HAF

Fe ddâth hon mas ar record Y Diliau ac fe gadd hi 'i defnyddio ar *Whare'n Noeth* hefyd. Fe wnes i hi gynta yn ystod sesiwn ar gyfer Sain Abertawe a Gary Melville wnâth awgrymu y dylwn i 'i gneud hi eto. Cân abstract yw hi. Dyw hi ddim yn sôn am unrhyw fan arbennig.

Lawr ar y Gwaelod

Ⓗ *Cyhoeddiadau Sain*

Cân 36

LAWR AR Y GWAELOD

36. Lawr ar y Gwaelod

Lawr ar y gwaelod, lawr ar y gwaelod gwael,
dwi'n mynd i dyfu lan o fan'na
fel mae'r coed yn medru tyfu dail.

Lawr yn y gaeaf, lawr yn y gaeaf oer,
gwacter yn fy nghalon
fel noswaith ddu heb gwmni'r lloer.

Mae 'na lwyth o bobol ysgafn,
paid â phwyntio'r bys,
os dŷn nhw'n methu dwyn yr arian
maen nhw'n siŵr o ddwyn dy grys.

Lawr yn y ddinas, gwir a chelwydd fel y baw,
a oes cariad yna'n aros
rhywle'n hongian yn y glaw?

Cân *blues* yw hon wnes i sgrifennu yn y stiwdio pan o'n i gyda'r Cadillacs. Fues i gyda nhw am tua saith mlynedd. Ma'r aelode yn dal i whare gyda gwahanol fandie.

Fe recordies i albwm Saesneg gyda'r Cadillacs, *Farnham Sessions* tua 1980-1 ac odd popeth wedi'i gymysgu a'i osod lawr. Arni odd caneuon fel 'Victor Parker', 'The Fat in the Frying Pan', 'Somebody Stole the Railway Line', 'Red-eye Morning', y fersiwn Saesneg o 'Rue St Michel' ac 'Only a Shadow', fersiwn Saesneg o 'Dim ond Cysgodion'. Arni hefyd odd 'Sing a Song of Sadness', a gadd 'i chyfieithu i 'Cân o Dristwch' a'i recordo 'da Heather Jones. Odd tua deuddeg trac arni i gyd.

Ma' 'Lawr ar y Gwaelod' yng nghanol traddodiad pobol y *blues* ac 'wy'n dal i'w chanu hi'n eitha amal.

Ma' hyn yn dod â fi at gwestiwn ma' pobol yn ofyn i fi'n amal iawn — p'un yw'n hoff gân i o waith 'yn hunan? Wel, 'wy'n ateb fel hyn — alla i ddim hoffi un yn fwy na'r llall. Ma' pob cân fel plentyn i fi. Ac fel ma' tad yn caru'i blant, 'wy'n 'u caru nhw'i gyd yr un fath.

Cegin Dawdd y Cythraul

37. Cegin Dawdd y Cythraul

Yng nghegin dawdd y cythraul rown yn byw,
yng nghegin dawdd y cythraul rown yn byw,
gwrthod ffordd y Groes, rasio'r diafol trwy f'oes,
nawr rwy'n hedfan draw i wersyll Duw.

Un o'r gwylltion mwya'r ganrif oeddwn i,
un o'r gwylltion mwya'r ganrif oeddwn i,
dringo oedd fy llinyn tyn, iasboeth ar y mynydd gwyn,
nawr does neb i gynnal parti yn y tŷ.

Rown i'n slochian *strawberry milkshakes* ambell waith,
rown i'n slochian *strawberry milkshakes* ambell waith,
skateboards ynfyd ar Fachwen, tripio ar El Kapitan,
nawr rwy'n hedfan tua'r nefoedd ar fy nhaith.

747 o Aspen lawr i Mexico,
747 o Aspen lawr i Mexico,
ffrindiau, peidiwch bod mor drist, rwy'n smocio efo Iesu Grist,
ac ambell lein o *coke* i godi'r to.

Cân 37

CEGIN DAWDD Y CYTHRAUL

Ma'r gân yma er cof am ddringwr o'r enw Alan Russel Harris odd yn byw yn Bryn Bigil, Deiniolen. Odd e'n foi uffernol o wyllt ac 'wy'n 'i ddychmygu fe'n mynd i'r nefodd a smoco dôp gydag Iesu Grist.

Odd Al yn cymysgu gyda criw odd yr un mor wyllt ag e. Yn ogystal â bod yn ddringwyr o'n nhw hefyd yn hyfforddwyr sgïo a fydden nhw'n mynd i America am sbel, hedfan lawr o Idlewild, Colorado — yn y Rockies — i Mecsico i brynu dôp a'i werthu fe i sgïwyr cyfoethog mewn llefydd fel Aspen. Odd yr arian yn help i'w cadw nhw i fyw'r bywyd gwyllt.

Pan odd Al yng Nghymru odd e'n cynnal partïon uffernol o wyllt yn 'i gartre. Pan fydde'r partïon hynny 'mlân odd pobol Llanberis yn gorfod cloi 'u merched lan. Fuodd Al yn cadw Wendy's Cafe hefyd. Odd e'n foi hollol ddwl. Halodd 'i rieni fe i ysgol breifat ond odd e ddim yn leico rheole, felly ddihangodd e odd'na ac fe dorrodd e bob cysylltiad â'i deulu.

Odd e'n ddyn hynod iawn a dringo'n beth mawr yn 'i fywyd e. Fe fydde fe hyd yn o'd yn dringo bar y Black Boy pan fydde fe'n yfed yno. Wedyn fydde fe'n dringo'r waliau a waliau'r castell yn feddw gaib.

Ond er mor beryglus odd dringo iddo fe, yr eironi yw iddo fe gâl 'i ladd, nid wrth ddisgyn o glogwyn ond mewn damwen car yn ardal Cerrigydrudion. Dim ond tua 35 oed odd e.

Brenin y Nos

Cyhoeddiadau Sain

38. Brenin y Nos

Mewn hunllef anial rhyfedd
rhwng beddau llwm y rhos,
ym mynwent wlyb Llanwynno,
lle'r oedd Brenin y Nos.

'Gymro,' fe ddywedodd,
'rho dy lygad yn fy llaw,
dy draed ar risiau Jacob,
dringa o'ma nawr.'

Ond dywedais i,
'o gwyn eich byd
am fod yn Wlad y Gân.'
Mi deimlais i fel Moses
wrth weld y llwyn ar dân,
'rhowch geffyl rhwng fy nghoesau,
fy mwa a fy saeth,
fy nghlogyn ar f'ysgwydd,
i mi gael mynd ymaith
i'r mynydd lle bu'r eira
a'r gwynt fel anadl oer
lle bu'r faner hen fel alarch,
yn hedfan tua'r lloer,
yn hedfan tua'r lloer,
yn hedfan tua'r lloer.'

Cân 38

BRENIN Y NOS

Hen gân o tua 1968-9 yw hon fuodd yn hongian amboitu'r lle am flynyddodd. Ma' hi'n perthyn i'r un cylch o ganeuon â 'Rhyddid Ffug' ac yn ymwneud â'r dylanwad Seisnig ar Gymru.

Cyn belled ag ma'r Saeson yn y cwestiwn dŷn ni ddim fod yma. Ma' nhw ishe i ni ddiflannu a nhw'n cymryd drosodd.

Yn y Cnapan 1993

Douarnenez

Cyhoeddiadau Sain

39.. Douarnenez

Cân 39

Douarnenez, Douarnenez, pysgod yn y bore.
Douarnenez, Douarnenez, cychod wrth y cei.
Douarnenez, Douarnenez, heddiw ar ei ore.
Douarnenez, Douarnenez, cychod wrth y cei.

Glas a gwyn a gwyrdd yw'r môr
a'r tir a'r haul yn Douarnenez,
yn yr harbwr, pysgod, stŵr
ar lan y dŵr yn Douarnenez.

Bombards, binious, drymiau'n taro
gyda'r hwyr yn Douarnenez,
wrth yr Eglwys, rown ni'n dawnsio
mewn *Fest Noz* yn Douarnenez.

Awn ni'n ôl, cyn bo hir,
dros y môr i Douarnenez,
cerddwn ni trwy'r strydoedd cul
i hela'r *moules* yn Douarnenez.

DOUARNENEZ

Ma' Douarnenez rhwng Kemper a Brest yng ngorllewin Llydaw, porthladd pysgota odd yn boblogedd iawn gyda'r Llydawyr eu hunen fel lle gwylie ond sy wedi mynd yn dwristaidd iawn erbyn hyn. Ma' fe'n dal i fod yn henffasiwn.

Fe sgrifennes i'r gân yn 'y meddwl wrth fynd adre yn y car gyda Jakez Guiot, odd yn ddarlithydd ym Mhrifysgol Rennes ac yn whare yn y grŵp Satanazet. Gyda ni odd Chantal, merch ffarm odd yn ffrindie â Jakez, a Gwenllian. O'n ni wedi bod yn Douarnenez yn gweld pencampwriaeth pibyddion y byd ac odd Patric Mollard, ffrind arall i Jakez, wedi ennill.

Gawson ni groeso mawr yno ac ar y ffordd adre yn y car fe lunies i'r cytgan yn 'y mhen ac fe ddechreuodd pawb ohonon ni ganu nerth 'yn penne. Ac fel'ny ddâth y gân i fod.

Ffarmwr fale odd tad Chantal, gyda llaw. Odd e'n tyfu fale ar gyfer gneud seidir — seidir sych y ffermydd. Dyw e ddim yn gryf iawn ond ma'r Llydawyr yn 'i yfed e wrth 'u gwaith i dorri syched, yn gwmws fel byddwn ni'r Cymry'n yfed pop.

Saith Seren

40. Saith Seren

Saith seren yn 'sgleirio
yn y gofod uwch ei ben,
ymateb ddaeth o'r lleuad,
proffwyd yn y nen,
ac mae'n dringo creigiau'r clogwyn
ac mae'r haul yn goch gan waed.
Mor drist yw'r mab afradlon
tu hwnt i dŷ ei dad.

O, oes 'na un i gydio yn fy llaw
i helpu'r mab afradlon trwy'r eira
gwynt a'r glaw?

Ar y strydoedd ma' 'na'n gorwedd
weddillion dyddiau gynt,
adleisiau yn y sbwriel sy'n chwythu yn y gwynt,
newyddion hen di-werth i neb
yn slempian ar y llawr
ar balmant noeth y ddinas
o fachlud haul i'r wawr.

'Sdim gwely i'r afradlon,
'sdim cysgod rhag y glaw,
tra bo rhai yn rhifo'u cyfoeth,
mae'n cysgu yn y baw.
Trwy'r gwanwyn, haf a'r gaeaf,
mae'r crwydryn ar ei hynt,
o druan, fab afradlon, y ddeilen ar y gwynt.

Haydn, brawd Walter

Cân 40

SAITH SEREN

Fel lot o 'nghaneuon cynnar i, geirie Saesneg odd i hon hefyd. Ei henw hi yn Saesneg odd *'The Lonesome Prodigal'*. O'n i'n sgrifennu lot o ganeuon ar 'yn ffordd 'nôl adre o Fanceinion i Solfa ac ma' hon yn un ohonyn nhw. Pan fydda i'n cyfansoddi wrth deithio, y broblem yw bo' fi'n amal iawn yn anghofio'r gân wedyn. 'Wy'n cofio rhai ymhen amser ond ma' llawer yn diflannu'n llwyr. 'Wy'n cofio'n ddiweddar teithio ar y Traws Cambria o Gardydd i Aberystwyth ac fe gyfansoddes i dair cân yn 'y meddwl. Ond erbyn i fi gyrradd Aber o'n i wedi'u anghofio nhw. Falle ddo'n nhw'n ôl rywbryd.

Pan sgrifennes i'r gân o'n i'n byw yn Prengast, ne' Prendergast i roi i'r lle 'i enw iawn. Ma' fe'n rhan o Solfa, ar y ffordd i Felinganol, yn rhan o'r cwm a llawer o blant yr ardal wedi'u magu yno.

Odd e'n bentre bach bisi unwaith. Odd Wncwl Hayden, brawd mam, yn cofio tri tîm ffwtbol yno. Yn Prengast odd *natives* iawn Solfa'n byw.

Mae Prendergast yn enw o Wlad y Basg — mae'n siŵr bod Basgiaid yn byw yno flynydde yn ôl.

Fi a 'mrawd bach ar steshon Hwlffordd

41. Joshua

Môr yn dy gwsg, wyt ti'n troi ac yn troi
fel plentyn mewn breuddwyd y nos,
llygad yn agor yng ngoleuni'r wawr
lleddedi fel emrallt fach dlos,
Sibrwd dy wefus ar y traethau o hyd,
cusanu y sgŵnars a'r clipars o fri,
tonnau fel bryniau a chymylau du,
fel mellten, mae'r llong ar ei hynt.

Joshua, llongwr dewr
môr yn dy ben,
Joshua, dy gariad yw'r lli,
Joshua, ble yn dy gwch bach ti'n mynd —
De Affrica neu'r Caribî?
Mae 'na sôn yn y porthladd,
siarad o hyd,
mae'r bobol yn dweud rwyt ti'n ffôl,
rwyt ti'n ffôl,
ond hwylio wyt heno
i amgylchu'r byd,
efallai 'ddoi di ddim yn ôl.

Mae'r sêr ac mae'r lleuad
a'r llanw yn llawn
a'r lli yn heddychol a phur.
Y Tawch sydd yn torri
fel cleddyf trwy ddŵr,
yr Iwerydd yn llonydd, yn glir.

Mae 'na sôn yn y porthladd,
siarad o hyd,
mae'r bobol yn dweud rwyt ti'n ffôl,
rwyt ti'n ffôl,
ond hwylio wyt heno
i amgylchu'r byd,
efallai 'ddoi di ddim yn ôl.

Cân 41

JOSHUA

Cân i blant yw hon fel lot o 'nghaneuon i, caneuon fel 'Douarnenez', 'Y Brawd Houdini', 'Noson Oer Nadolig' a 'Fŵdŵ'. Ma'r gân yn sôn am ddyn go-iawn, Joshua Slocum, y boi cynta i hwylio rownd y byd ar 'i ben 'i hunan. Odd e'n arwr mawr 'da Dad-cu. Wrth ochor gwely Dad-cu odd tri llyfyr — Y Beibl, *Moby Dick* gan Herman Melville, a *Sailing Alone Round the World* gan Joshua Slocum.

Hen gapten llonge hwylio odd Joshua ac fe welodd e'r hwylie'n câl 'u disodli gyda thechnoleg hollol newydd a gwahanol y llonge stêm. Odd dim angen hwylwyr mwy.

Ond odd Joshua ddim yn leico stemars. Fe âth e ati i ailadeiladu cwch odd wedi bod ar y lan am flynyddodd, y *Spray* o Boston, Massachusets, ac fe âth ati i hwylio rownd y byd ac fe lwyddodd e i neud hynny.

Ond tra ar fordaith arall pan odd e yn 'i saithdege, fe gollwyd e wrth iddo fe hwylio yn 'i long fach. Odd e wedi câl 'i weld ddwetha *off* Trinidad yn mynd heibio i Venezuela. Ond welodd neb e byth wedyn. Mae'n eitha posib iddo fe gâl 'i daro gan stemar ac i'r *Spray* ac ynte fynd lawr.

Stori drist, ond dyna'r ffordd fydde fe, siŵr o fod, yn moyn mynd.

Drwy gyd-ddigwyddiad odd Joshua a fi wedi'n geni ar yr un dyddiad — dydd Gwener, 13 o Fawrth. Falle bod lot ohono fe ynddo i.

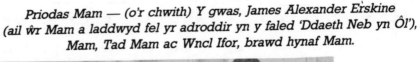

Priodas Mam — (o'r chwith) Y gwas, James Alexander Erskine (ail ŵr Mam a laddwyd fel yr adroddir yn y faled 'Ddaeth Neb yn Ôl'), Mam, Tad Mam ac Wncl Ifor, brawd hynaf Mam.

Y Clown

42. Y Clown

Cytgan:
Ti yw y clown sy'n chwerthin ac wylo,
mewn atgof y beddau ym mynwent y dref,
baneri o goch, glas a gwyn yw dy ddillad,
melyn yr aur ac arian y sêr.

Hapus a thrist ac ofnus dy wyneb,
weithiau mae dagrau ac weithiau mae gwên,
sgidie'n rhy fawr, tylle'n y sodle,
awyrgylch y ffair, racsjibidêrs.

Pwped wyt ti yr enfys fach liwgar,
ffantasi, hwrê a gwellt yn dy ben,
dewin yw dy bensaer, creawdwr dy syrcas,
y mwnci, y parot, yr hogyn bach pren.

Dwi'n gweld ti yn aml lawr yn y strydoedd
o dan dy fwgwd, mae dy wyneb yn las,
rwyt ti'n chwilio am ffordd allan o'th iselfrydoedd.
Ti a dy syrcas sydd ar y ffordd mas.
Ti a dy syrcas sydd ar y ffordd mas.

Cân 42

Y CLOWN

Teitl gwreiddiol hon odd *'The Clown in the Alley'* a ma' hi'n dod o'r un cyfnod a *'The Vulture and the Dove'* a *'Walter's Song'*. Ma' hi siŵr o fod yn un o'r caneuon cynta i fi eriôd 'i sgrifennu. Odd hon yn gân boblogedd iawn yn y clybie gwerin ac ma' fersiwn ohoni ar gasét Fflach.

Odd y fersiwn gwreiddiol ar record Decca âth ar goll. Odd gitarydd da iawn o America gyda fi pan recordes i hi, Mike Miropol odd yn galw'i hunan yn Woody Carter. Fe odd un o *guitarists* cynta sîn y caffis yn Greenwich Village yn Efrog Newydd. Odd e yng Ngholeg Caergrawnt pan recordon ni'r albwm tua 1963.

Mae'n beth rhyfedd am y fersiyne Saesneg 'ma. Anamal iawn y bydda i'n 'u canu nhw ond ma'n nhw'n dal yn boblogedd wrth i bobol fel Alan Jenkins, sy hefyd yn dod o Solfa, 'u canu nhw.

Diwedd y Gân

43. Diwedd y Gân

Rhy hwyr, dyma'r gân a addewais i ti,
adlais y lleuad ar wefus y lli,
dyma dy gân,
hon yw y gân a addewais i ti.

Eto, y geiriau glywais lawer gwaith
ar gerrig y clogwyn, ar dywod y traeth
dyma dy gân
dyma dy gân, addewid i ti.

Rhy hwyr, dyma'r wên oedd werth mwy i mi
na'r holl aur ac arian ar gael yn y byd
dyma dy gân,
dyma dy gân, addewid i ti.

Yn rhy hwyr, dyma'r gân a addewais i ti.

Unawd ar y gitâr

Rhaid i mi symud, rhaid i mi fynd
byw heb dy gariad, galw ti'n ffrind
dyma dy gân,
diwedd y gân a adewais i ti.

Cân 43

DIWEDD Y GÂN

Cân sgrifennes i ar gais Susi Slade o Langefni, mam Erwan y mab, yw hon, yr un Susi a Susi ar y Teliffôn. Odd hi wedi bod yn haslan fi ishe i fi sgrifennu cân iddi ac o'r diwedd fe wnes i, a dyma hi. Ond erbyn hynny odd hi'n ddiwedd y gân.

Ma'r gân yn esbonio'i hunan ac ma' hi'n un o ddwy gân sgrifennes i ar gyfer Susi, er ma' hon yw'r unig gân bersonol o'r ddwy.

Arglwydd Penrhyn

ⓟ *Cyhoeddiadau Sain*

44. Arglwydd Penrhyn

Duw a ŵyr fy enw, myfi yw Dafy' bach,
ces fy ngeni dan y capel yng Ngharneddi,
deg o blant yn ein teulu ni, a ninnau'n waeth na thlawd,
roedd yr hogia' gyd yn cysgu yn 'run gwely.

Cytgan:
Gwae ar yr Arglwydd Penrhyn sy'n herio plant y glaw,
gwae arno fe sy'n gwerthu cyrff i fwydo'r rhew,
o, Arglwydd Penrhyn.

I'r chwarel 'es ym more oes, cenllysg yn y gwynt,
i balu llechi'r mynydd am fy mywyd,
saith a chwech yr un oedd y fargen rhwng y dyn, ein tad, a ni
a hapus fuaswn am lot llai na hynny.

Ddydd ar ôl dydd ar y 'galeris', Penrhyn yn ei blas
ein harglwydd Dduw, ein bugail, a'n gormeswr
a phriodais efo merch fach lân, fy nghariad Hannah Mair
a'i charu hi a'i phlentyn oedd fy mhleser.

Un bore galarus, mi glywais wrth fy ngwaith
Wil drws nesa'n brysio ac yn gweiddi
'tyrd lawr druan, dos i'r tŷ,' dychrynodd oer fy ngwaed,
'ma' Hannah Mair a'i phlentyn wedi marw.'

Hunllef oedd fy mywyd, penderfynais fynd
i hel am waith ym mhyllau glo Morgannwg,
mi drois fy nghefn ar y tristwch a'r purdan yn y cwm,
A 'nghariad o dan flodau trychinebus.

Cân 44

ARGLWYDD PENRHYN

Un arall allan o'r opera roc 'Hirdaith a Chraith y Garreg Ddu' na welodd eriôd ole dydd. 'Wy'n meddwl weithie bod mwy o 'nghaneuon i ar goll nag sy wedi aros. Ond fe arhosodd hon. O sôn am operas roc, fe welodd dwy ohonyn nhw ole dydd. Un ohonyn nhw odd 'Etifeddiaeth Drwy'r Mwg' 'nôl tua 1968-9 ar gyfer HTV gadd 'i chynhyrchu 'da Euryn Ogwen. Fe wnes i a Geraint Jarman gyd-weithio arni a mas o'r opera y dâth caneuon fel 'Mwg', 'Rhedaf i'r Mynydd', 'Myfi yw'r Dechreuad' a 'Disgwyl Rhywbeth Gwell i Ddod'.

Yr ail opera i fi weitho arni odd 'Dic Penderyn' — ddim byd i neud â'r gân yn y llyfyr hwn. Rhyw foi o Theatr yr Ymylon wnâth 'i chomisiynu hi ac fe wnes i gydweithio â Rhydwen Williams arni ar gyfer Steddfod Genedlaethol Cardydd. Gafodd hi'i pherfformio yn y Theatr Newydd. Ches i ddim lot o amser i weitho arni — dim ond rhyw dri mis — sy'n gneud i fi feddwl bod rhywun wedi'u gadel nhw lawr ar y funud ola.

Perygl yn y Fro

Cyhoeddiadau Sain

45. Perygl yn y Fro

Gweledigaeth ger y lli,
noeth fel ti a fi
o dan gysgod carn llecheden,
Iesu, roedd hi'n fore oer.

Cytgan:
Wel, mae'r diafol mas o'i go, drysau o dan glo,
pobl wedi dychryn, perygl yn y fro.

Lleuad llawn yn hwylio'r nos,
fflach am un o'r gloch,
pawb yn ofni mentro allan,
llanastr ym mhob man.
Cytgan:

Pan mae'r bom yn disgyn,
pan ddaw'r fflach a'r gwynt,
bydd pobl gall y byd yn gallu gweld
y diafol ar ei hynt.
Cytgan:

Dieithriaid du, ceffylau coch,
mil o filwyr cloff,
cwmwl mawr yn codi
dros fynwent ar y bryn.
Cytgan:

Wedyn aeth y nos ar dân,
llosgi'r adar mân,
llwch gwylanod yn yr awyr,
adenydd fflam.
Cytgan:

Dydi'r blaenwyr ddim yn gall
os y'n nhw'n meddwl bod ni'n ddall,
roedd y graig yn dechrau toddi
a'r môr yn troi yn stêm a nwy.

Wel, mae'r diafol mas o'i go
dryse o dan glo
pobl wedi dychryn, perygl yn y fro.

Cân 45

PERYGL YN Y FRO

Cân am y perygl niwclear yw hon, un arall o'r caneuon am yr egni negyddol, tywyll yma sy yn y byd. Fe sgrifennes i hi adeg sesiynau recordo *Lapis Lazuli*.

Ma' wastad digon o ganeuon gyda fi ar gyfer albwm ond y cwestiwn yw, beth sy'n mynd i ffito mewn? 'Wy ddim ishe gormod o'r un fath o stwff. 'Wy'n edrych am olau a chysgod, balans. Wedyn, wrth recordo, pan fydd ishe cân newydd fe wna i ishte lawr a chyfansoddi un ar y pryd. Cân fel'ny odd hon.

Yfory y Plant

Cyhoeddiadau Sain

46. Yfory y Plant

Cigfran yn clwydo ar y deoryddion
trachwant cnawd a gwaed ei foddion;
lladd y plant, lladd y plant;
dyma'r gwrachod cyfoeth yn mynd i'r ffair,
fideo erchyll o flaen llo aur,
lladd y plant, lladd y plant;
mewn adfail ysgol, bwrdd-du llosg,
sialc toredig, sgwennodd 'cosb',
lladd y plant, lladd y plant;
fflach yn y ffenestr, dant yr arth,
cwmwl pry' yn y dosbarth,
lladd y plant, lladd y plant;
aur a gwaed, *chaos* trachwant,
saethwch yr athro, lladdwch y plant,
lladd y plant, lladd y plant.

Dyma Abram, cyllell yn ei law
ei fab wedi'i glymu yn y baw
lladd y plant, lladd y plant;
saethwch y beirdd, aberthwch y plant,
'sdim digon i'r cythrel trachwant,
lladd y plant, lladd y plant;
cynelwad yn waed yng nghroth ei fam,
yn tyfu o'r dryll, y toddyn a'r bom,
lladd y plant, lladd y plant;
gofalwch ar ôl tyfu lan,
byddwch yn ofalus — ti'n gwybod pam:
y plant — ie, y plant;
byddwch yn ofalus, chi bobol fawr,
yfory ddaw ar ôl bob gwawr,
i'r plant, i'r plant, i'r plant ie, i'r plant.

Cân 46

YFORY Y PLANT

Cân arall o gyfnod Thiefaine yw hon a dwi ddim yn siŵr ohoni. Ma' hi'n gân dywyll arall ac mor amserol ag eriôd — mor amserol â phan sgrifennes i hi.

Meddyliwch am y sefyllfa heddi — cwtogi ar y gwasaneth iechyd, cwtogi ar addysg. Pam ma' arweinwyr y Llywodraeth yn gallu bod mor dwp? Ma' nhw'n bygwth iechyd y wlad, yn bygwth addysg y wlad a dyfodol cymdeithas jyst er mwyn cadw'r cyfoethog yn gryf a'r wlad yn wan.

Ond yn anffodus dyw pobol ddim yn credu bod drygioni yn fyw o gwmpas y lle. Ma' nhw'n dewis cau 'u llyged i'r cyfan a gadel iddo fe ddigwydd.

Capel Bronwen

℗ Cyhoeddiadau Sain

47. Capel Bronwen

Cân 47

Glaswyrdd maen hir,
llygad gwyn, sêr y tir,
mewn hudol hedd y sanctaidd bren,
gorwedda Bronwen.

Eira gwyrdd yr oesoedd hir,
llygad y dydd sy'n gweld y gwir,
ei hanes yn y garreg hen,
carreg fedd Bronwen.

Cariad dyn ond morwyn Duw
ar lannau'r Alaw yw,
gwreiddiau hanes, gwreiddiau llên
yng Nghapel Bronwen.

Priodferch ffyddlon Crist
yma gosodant i orffwys mewn cist,
gwyrdd yw eurgylch ei gwên
yng Nghapel Bronwen.

CAPEL BRONWEN

Yn Aberalaw, Ynys Môn ma' cylch ar y ddaear a'r cylch hwn yw Capel Bronwen sy'n lle cysegredig a gysylltir â Christnogaeth gynnar. Odd Bronwen yn wraig i Pawlinws, un o athrawon Dewi Sant.

Yn yr oriel ym Mangor ma' carreg, sy'n câl 'i 'nabod fel Maen Tresgawen. Hon yw carreg fedd Bronwen a dyma'r garreg sy wedi câl ei arsgrifio fwya ym Mhrydain. Ma'r sgrifen yn gweud, 'Dyma fedd Bronwen, gwraig i'r Esgob Pawlinws.'

Ma' rhai arbenigwyr yn meddwl ma'r un person yw'r Bronwen hon a Branwen o'r Mabinogi. Os edrychwch chi ar y safle yn Aberalaw fe welwch chi'r cylch, ac ma' cylch llai yn 'i ganol. O fewn hwn, siŵr o fod, odd bedd Bronwen.

Ces i'r syniad gan Richard B. white yr archaeolegwr enwog.

Lapis Lazuli

ⓗ *Cyhoeddiadau Sain*

48. Lapis Lazuli

Glas fel Lapis Lazuli. Yma'r môr yn rhew i gyd.
Eira araf, esmwyth yn fy llaw.
Gwawr fel Lapis Lazuli. Eira dros y môr o hyd.
Enfys ar y gorwel 'ochr draw.
Mae dŵr y môr mor las â Lapis Lazuli.

Glas fel Lapis Lazuli'n fflachio yn fy llygaid i.
Pêl yr haul fel tân trwy gwmwl baw.
Gwawr fel Lapis Lazuli. Glas fel Lapis Lazuli.
Enfys ar y gorwel 'ochr draw.
Mae llais y lli mor las â Lapis Lazuli.

Glas fel Lapis Lazuli. Trwy'r eira gwyn rwy'n gweld y tir.
Cychod wedi maglu yn y drych.
Glannau Lapis Lazuli. Creigiau'r tir, gwyn a du.
Sŵn y llong fel mellten yn ei rhych.
Mae llais y lli mor las â Lapis Lazuli.

Cân 48

LAPIS LAZULI

Sgrifennes i hon yn Chwefror 1985 pan o'n i'n mynd ar y llong o Stokholm i Helsinki. O'n i'n methu cysgu ac fe es i ar y dec i weld y wawr yn torri. Odd hi'n olygfa ryfeddol — y môr wedi rhewi a'r llong fel 'tai hi'n llusgo dros y rhew.

Odd effeth y gole ar y rhew a'r eira yn ddramatig iawn, y gole fel 'tai e'n tasgu i'r awyr. Fan hyn a fan draw odd llawer o gychod wedi'u cau mewn gan y rhew.

Ond y syndod ges i odd y lliw glas odd ym mhobman. Chi'n meddwl am eira a rhew fel lliw gwyn. Ond na. Gwahanol radde o las odd i'w weld mewn gwirionedd.

Ma' craffu'n fanwl ar liwie yn rhan o addysg arlunio ac fe weles i werth hynny y bore hwnnw wrth edrych o ddec y llong ar yr olygfa.

Fe es i ar y trip i Scandinafia drw gysylltiad â Glyn Banks. Odd e'n arfer bod yn actor ond âth e i ddysgu ym Mhrifysgol Helsinki ac yn digwydd bod yn ffan ohono i. Fues i'n gweitho i Radio Finland ac fe wnes i gynnal cyngerdd ym Mhrifysgol Helsinki.

Angau Opera Ffug y Clôn

Cyhoeddiadau Sain

49. Angau Opera Ffug y Clôn

Mae waliau aur y deyrnas wedi toddi,
y tacsis olaf ar y ffordd yfory,
nawr, 'ben fy hun;
yng ngwely'r llyn, nwy a gwenwyn,
sawr *sulphide* a *cyanide*,
nawr, 'ben fy hun.

Cytgan:
Ar ôl y dôn, does dim sôn,
gofod byddar ar y fodaffôn,
angau opera ffug y clôn,
hen fyd, o ie, hen fyd.

Fandango o sipsiwn cudd y fro,
dawns dan y lleuad y sgorpio,
nawr, 'ben fy hun;
genedigaeth cenedl o ffroen y dryll.
Babis hardd yn troi yn hyll,
nawr, 'ben fy hun.

Cytgan:

Mewn gerddi tarmacadam flin
Meseia olaf ar y *guillotine*,
nawr, 'ben fy hun;
wedyn af i hel y dryw
drwy'r adfail lle bu plant Duw yn byw,
nawr, 'ben fy hun.

Cytgan:

Lisa a Heather

Cân 49

ANGAU OPERA FFUG Y CLÔN

Ma' lot fawr o wahanieth rhwng y gân hon a chân fel 'Cân Walter'. Ma' 'Cân Walter', a sgrifennes i pan o'n i yn y Coleg Celf yng Nghardydd, yr un pryd â sgrifennes i '*I Saw a Field*' ar gyfer ail ochor record Decca, yn dod o'r un groth â 'Llygaid Llwyd', 'Ysbryd Solfa', 'Sylvia' a 'Tryweryn'. Ond ma' hon yn fwy fel 'Sandoz yn Loudon Square' a 'Tywyllwch'.

Ar hon ma'r rhod wedi troi cylch cyfan. Ma' aelode o'r Cynganeddwyr yn whare arni — Richard Dunn, y wharaewr *keyboards* gwreiddiol, ac Arun Amhun, y drymiwr. Ma' dylanwad Tich Gwilym ar hyd y lle 'ma hefyd.

Ond yn gneud y cylch yn gyfan ma' Heather a'i merch Lisa yn canu ar y trac. Hwn odd y tro cynta i Lisa ymddangos ar record gyda fi ond ma' Heather wedi gneud lot fawr, wrth gwrs, cyn dyddie'r Bara Menyn.

Jôc odd sefydlu'r Bara Menyn. Odd Heather a Geraint Jarman wedi dechre dod lawr ata i i Solfa ac fe benderfynon ni un dydd ffonio Euryn Ogwen Williams, odd yng ngofal y rhaglen deledu '04, 05 Ac Ati' i weud bod grŵp newydd grêt yn Aberystwyth. Fe ofynnodd e beth odd enw'r grŵp, ac ar y pryd fe wedon ni 'Y Bara Menyn'.

Wel, fe gawson ni *booking* ond wedyn odd y jôc arnon ni wâth odd 'da ni ddim caneuon a fuodd rhaid i ni ishte lawr ar unwaith a sgrifennu rhai.

Jôc odd ffurfio'r grŵp, a jôc i ni hefyd odd perfformo. Jyst lot o sbort yn canu caneuon dwl a gwirion. Ac odd e'n sbort hefyd.

Ma' Heather yn dal i ganu yn well nag eriôd ac 'wy'n ffaelu deall pam nag yw hi'n câl mwy o sylw ar y cyfrynge. Ma' gyda hi fwy o dalent na neb sy ar y radio a'r teledu yng Nghymru ond dyw pobol jyst ddim ishe gwbod.

Dos dim byd yn newid, o's e'?

Y Crwydryn a Mi

Cyhoeddiadau Sain

50. Y Crwydryn a Mi

Niwl dros y dolau, gwyn, gwyrdd a llwyd.
Llai ydi'r arian, drud yw ein bwyd.
Mwg ar y mynydd, rhew yn y cwm,
pwy sy'n rhoi croeso i'r crwydryn llwm?

Cytgan:
I'r crwydryn llwm,
pwy sy'n rhoi croeso i'r crwydryn llwm?

Storm yn y nefoedd, cymylau cas,
sêr disglair y dwyrain ar eu ffordd mas,
drysau ar agor, neb yn y tŷ
pwy sy'n rhoi croeso i'r crwydryn a mi?

Pobol mewn ofn — mas o'u co.
Llosgi mae'r gwenith, llwch yn y fro.
Sut fath o uffern, ni welais o'r blaen,
dur trwy galonnau, gwaed ar y tân.

Oes 'na ryw loches i gadw yn fyw,
oes 'na wirionedd neu ryw fath o dduw?
Llygad y nos trwy ffenestri y tŷ,
croeso uffernol i'r crwydryn a mi.

Cân 50

Y CRWYDRYN A MI

Cân am dywyllwch eto. Pam ddiawl 'wy'n sgrifennu cymint am dywyllwch, gwedwch?
Ma' hon yn mynd 'nôl i gyfnod y Cadillacs yn yr wythdege cynnar. Dyw hi ddim am unrhyw grwydryn penodol. *Abstract* unwaith eto.

Gyda'r Cadillacs

Traeth Anobaith

51. Traeth Anobaith

Geni'r dydd heb gân ar lannau'r merddwr,
gwynt fel traed y meirw lan o'r bedd,
does neb i weld y wawr ar draeth anobaith,
does neb i weld y wawr yn nŵr y llyn.
Hen loffwr llwyd sy'n troedio'r gwymon lle bu'r llanw gynt.
Casglwr ein cysgodion, rhag llygad oer y gwynt,
rhag llygad oer y gwynt.

Tir a môr mewn cariad yn ymrafael,
bysedd hallt y dŵr yng nghorff y graig,
yn sŵn y don daw ocheneidiau'r briodas.
Newyn yn ei groth am ewyn gwyn.
A thrist yw cân ymadael, cân y graean cân y gro,
gwrandewch ar ferw meirch y môr yn deffro cwsg y fro,
yn deffro cwsg y fro.

Daw y dydd i'r gwylwyr ar y glannau,
daw bob offrwm 'nôl yn lân o'r dwfn,
ond does dim cyfoeth arian ar y traethau,
dim ond olion traed sydd yn y clai,
ac fe ddaw llong i dorri craith ar wydr gwyrdd y môr.
A thrwy y glaw, fel saeth ar goll, y wennol ddaeth yn ôl,
y wennol ddaeth yn ôl.

Cân 51

TRAETH ANOBAITH

O syniad gan Rhydderch Jones y tyfodd y gân hon. Odd Rhydderch yn awyddus iawn i fi, Endaf Emlyn, Heather a Meleri Mair ganu gyda'n gilydd mewn sioe. Fe ddâth Endaf a fi at 'yn gilydd i sgrifennu'r gân yng nghartre Endaf yn Radyr a dyma'r canlyniad. Ma'r dôn wedi'i seilio ar *Open D Tuning*, math o whare odd Richie Havens a Joni Mitchell yn 'i neud ac odd y gân hon yn un o ffefryne Rhydderch. Odd e wedi ffoli arni.

Ffurf y grŵp odd Endaf a fi ar gitârs acwstic a phedwar llais. Am ryw reswm, dyma'r unig gân neithon ni fel grŵp. Odd dim hyd yn o'd enw gyda ni. Fe âth Endaf ymlân at stwff trydanol a finne 'nôl i neud yr hyn o'n i'n arfer 'i neud.

DISCOGRAFFEG LLAWN RECORDIAU, CASETIAU A CHRYNO DDISGIAU
MEIC STEVENS
1965 — 1993

Casglwyd yr wybodaeth gan Gari Melville

SENGLAU

'DID I DREAM'/ 'I SAW A FIELD'
Cyhoeddwyd Mehefin 1965
Recordiwyd Studio Tony Pike, Putney, Llundain
Cynhyrchydd John Paul Jones
Label Decca Records (F12174) Sengl Mono

Y Caneuon

Ochr 1
'Did I dream' (Stevens) h. Apollo Music

Ochr 2
'I saw a field' (Stevens) h. Apollo Music

'MEIC STEVENS'
Cyhoeddwyd Awst 1968
Recordiwyd Stiwdio y B.B.C. Abertawe, Gorffennaf 1968
Cynhyrchydd Meic Stevens
Label Cwmni Recordiau Dryw (WRE 1045) Mono E.P.

Y Band Meic Stevens, Gtr/Llais
Joffre Swales, Clarinet/Sacs
Maxie Cole, Gtr 12 Tant
Gwyn Edwards, Bâs

Y Caneuon

Ochr 1
1. 'Yr Eryr a'r Golomen' (Stevens/Gwynfryn) h. Lupus Music
2. 'Ble mae'r bore' (Stevens) h. Lupus Music

Ochr 2
1. 'Ond dof yn ôl' (Stevens) h. Lupus Music
2. 'Tryweryn' (Stevens) h. Lupus Music

'MIKE STEVENS Rhif 2'
Cyhoeddwyd Hydref 1968
Recordiwyd Medi 1968 Stiwdios B.B.C. Llandaf, Caerdydd
Cynhyrchydd Meic Stevens/Gareth Wyn Jones
Label Recordiau Dryw (WRE 1053) E.P. Mono

Y Band Meic Stevens, Llais/Gtr/chwisl dun
Irving Stevens, Gtr

Y Caneuon

Ochr 1
1. 'Cân Walter' (Stevens) h. Lupus Music
2. 'Hwiangerdd Mihangel' (Stevens) h. Lupus Music

Ochr 2
1. 'Glaw yn y dail (Stevens) h. Lupus Music
2. 'Lan a lawr' (Stevens) h. Lupus Music

'BARA MENYN'

Cyhoeddwyd Mawrth 1969
Recordiwyd Chwefror 1969, Stiwdio y B.B.C. Abertawe
Cynhyrchydd Meic Stevens
Label Recordiau Dryw (WRE 1065) E.P. Mono

Y Band Meic Stevens, Llais/Gtr
Heather Jones, Llais/Gtr
Geraint Jarman, Llais/Tamborin/Organ Geg

Y Caneuon

Ochr 1
1) **'Caru Cymru'** (Stevens/Jarman) h. Lupus Music
2) **'Disgwyl am dy gariad'** (Stevens/Jarman) h. Lupus Music

Ochr 2
1) **'Dewch ar y trên'** (Stevens/Jarman) h. Lupus Music
2) **'Rhywbeth gwell i ddod'** (Stevens/Jarman) h. Lupus Music

'OLD JOE BLIND'/'BLUESLEEP'

Cyhoeddwyd 1970
Recordiwyd Central Sound, Denmark St, Llundain
Cynhyrchydd Ian Samwell/Meic Stevens
Peiriannydd Freddy Windrose
Label Warner Bros Sengl Feinyl (WB8007) Mono

Y Caneuon
1) **'Old Joe Blind'** (Stevens) h. Lupus Music
2) **'Blue Sleep'** (Stevens) h. Lupus Music

'RHAGOR O'R BARA MENYN'

Cyhoeddwyd Awst 1969
Recordiwyd Gorffennaf 1969, Stiwdio y B.B.C., Abertawe
Cynhyrchydd Meic Stevens
Label Recordiau'r Dryw (WRE 1072) E.P. Mono

Y Band Meic Stevens, Gtr/Llais
Heather Jones, Gtr/Llais
Geraint Jarman, Tamborin/Organ Geg/Llais

Y Caneuon

Ochr 1
1) **'Dihunwch lan'** (Stevens/Jarman) h. Lupus Music
2) **'Yfo'** (Endaf Emlyn/Hywel Gwynfryn/Stevens) h. Lupus Music

Ochr 2
1) **'Mynd i Laca Li'** (Stevens/Jarman) h. Lupus
2) **'Yr Wylan'** (Stevens/Jarman) h. Lupus

'MWG'

Cyhoeddwyd Tachwedd 1969
Recordiwyd Hydref 1969, Central Sound, Denmark St, Llundain
Cynhyrchydd Meic Stevens
Peiriannydd Freddy Windrose
Label Recordiau'r Dryw (WRE 1073) E.P. Mono

Y Band Meic Stevens, Llais/Gtr

Y Caneuon

Ochr 1
1) **'Mwg'** (Stevens/Jarman) h. Lupus Music
2) **'Rhedaf i'r mynydd'** (Stevens/Jarman) h. Lupus Music

Ochr 2
1) **'Myfi yw'r dechreuad'** (Stevens/Jarman) h. Lupus Music
2) **'Tyrd i lawr trwy'r ogof'** (Stevens/Jarman) h. Lupus Music

'Y BRAWD HOUDINI'

Cyhoeddwyd Gwanwyn 1970
Recordiwyd Medi 1969, Stiwdio Central Sound, Denmark St, Llundain
Cynhyrchydd Meic Stevens
Peiriannydd Freddie Windrose
Label Sain (Sain 4) E.P. Mono

Y Band Meic Stevens, Gtr/Llais
Mike Snow, Piano/Organ
Dennis Elliot, Drymiau
George Sweetnam, Bâs
a lleisiau cefn ar 'Y Brawd Houdini'
Nick Jones, Tabla ar 'Rhyddid Ffug'
Meic Stevens, Bâs a gitar drydan ar 'Jam Poeth'

Y Caneuon

1) **'Y Brawd Houdini** (Stevens/Jarman) h. Lupus Music
2) **'Nid I Fi, Mistar M.P.'** (Stevens/Jarman)
   h. Lupus Music

Ochr 2
1) **'Rhyddid Ffug'** (Stevens) h. Lupus Music
2) **'Jam Poeth'** (Stevens) h. Lupus Music

'MEIC STEVENS'

Cyhoeddwyd Awst 1970
Recordiwyd Stiwdio Central Sound, Llundain. Gorffennaf 1970
Cynhyrchydd Meic Stevens
Label Recordiau Newyddion Da (ND 1), 33RPM MONO E.P.

Y Band Meic Stevens, Llais/Gtr, Bâs/Congas
Bill Lovelady, Gtr Flaen
Geraint Jarman, Llais/Tamborin
Nic Jones, Tabla
Heather Jones, Llais

Y Caneuon

Ochr 1
1) **'Mynd i Bala ar y cwch banana'** (Stevens)
   h. Lupus Music
2) **'Nid y fi yw'r un i ofyn pam'** (Stevens)
   h. Lupus Music
3) **'Mae gennyf i gariad'** (Stevens) h. Lupus Music

Ochr 2
1) **'Dim ond heddiw ddoe a fory'** (Stevens)
   h. Lupus Music
2) **'Cân Mamgu'** (Stevens) h. Lupus Music

'NID OES UN GWYDR FFENESTR'

Cyhoeddwyd Awst 1970
Recordiwyd Medi 1969, Stiwdio Central Sound, Denmark St., Llundain
Cynhyrchydd Meic Stevens
Peiriannydd Freddy Windrose
Label Recordiau'r Dryw (WSP 2005) Sengl

Y Band   Meic Stevens, Llais/Gtr

Y Caneuon
Ochr 1
1) 'Nid oes un gwydr ffenestr' (Stevens)
   h. Lupus Music

Ochr 2
1) 'Rhywbeth gwell i ddod' (Stevens) h. Lupus Music

'BYW YN Y WLAD'

Cyhoeddwyd Gorffennaf 1971
Recordiwyd Mehefin 1971, Stiwdio Rockfield, Gwent
Cynhyrchydd Meic Stevens
Peiriannydd Kingsley Ward
Label Recordiau'r Dryw (WRE 1107) E.P. Mono

Y Band   Meic Stevens, Llais/Gitâr
             Roger Gape, Bâs
             Phil Suarez, Drymiau

Y Caneuon
Ochr 1
1) 'Byw yn y wlad' (Stevens) h. Lupus Music
2) 'Sachliain a lludw' (Stevens) h. Lupus Music

Ochr 2
1) 'Y Misoedd' (Stevens) h. Lupus Music
2) 'O, rwy'n crwydro y byd' (Stevens) h. Lupus Music

'DIOLCH YN FAWR'

Cyhoeddwyd Awst 1971
Recordiwyd Gorffennaf 1971, Stiwdio Rockfield, Gwent
Cynhyrchydd Meic Stevens
Peiriannydd Kingsley Ward
Label Sain (Sain 13) E.P. Mono

Y Band   Meic Stevens, Llais/Gitâr
             Phil Suarez, Drymiau
             Noddy Gape, Bâs

Y Caneuon
Ochr 1
1) 'Pe cawn dy gwmni di' (Stevens) h. Lupus Music
2) 'Bryn Unigrwydd' (Stevens) h. Lupus Music

Ochr 2
1) 'Breuddwyd' (Stevens) h. Lupus Music
2) 'Diolch yn fawr' (Stevens) h. Lupus Music

'PE MEDRWN'/ 'LLYGAD AM LYGAD'

Cyhoeddwyd Awst 1978
Recordiwyd Gorffennaf 1978, B.B.C. Stacey Rd, Caerdydd
Cynhyrchydd Meic Stevens
Peiriannydd Des Bennett
Label Theatr Yr Ymylon (YM SP 02) Sengl

Y Band   Meic Stevens, Gtr/Llais
             Tich Gwilym, Gtr Drydan
             Richard Dunn, Allweddellau
             Arran Ahmun, Drymiau
             Noddy Gape, Bâs

Y Caneuon
Ochr 1
1) 'Pe Medrwn' (Stevens/Rhydwen Williams)
   h. Solva Music

Ochr 2
1) 'Llygad Am Lygad' (Stevens/Rhydwen Williams)
   h. Solva Music

'CÂN NANA'/'BACH BACH'

Cyhoeddwyd Awst 1978
Recordiwyd Gorffennaf 1978, Stiwdio B.B.C. Stacey Rd, Caerdydd
Cynhyrchydd Meic Stevens
Peiriannydd Des Bennett
Label Theatr Yr Ymylon (YM SP 01) Sengl

Y Band   Meic Stevens, Gtr/Llais
            Tich Gwilym, Gtr Drydan
            Richard Dunn, Allweddellau
            Arann Ahmun, Drymiau
            Noddy Gape, Bâs
            Mair Robbins, Prif Lais ar 'Cân Nana'

Y Caneuon
Ochr 1
1) 'Cân Nana' (Stevens/Rhydwen Williams) h. Solva Music

Ochr 2
1) 'Bach Bach' (Stevens/Williams) h. Solva Music

'BWGAN AR Y BRYN'/'GAUCHO'

Cyhoeddwyd Gwanwyn 1986
Recordiwyd Gwanwyn 1986
Cynhyrchydd Wyn Jones
Label Fflach (RFAS Meisym) E.P.

Y Band   Meic Stevens, Gtr/Llais
            Marc Jones, Bâs

Y Caneuon
Ochr 1
1) 'Bwgan ar y bryn' (Stevens) h. Solva Music
2) 'Gaucho' (Stevens) h. Solva Music

Ochr 2
Dwy gân gan Ail Symudiad

RECORD/CRYNO DDISG/CASET HIR

'OUTLANDER'
Cyhoeddwyd 1970
Recordiwyd Stiwdio Trident, Wardour St, Llundain, Haf 1969
Cynhyrchydd Ian Samwell
Peiriannydd Malcolm Toft
Label Warner Bros WS 3005 LP/LP Bootleg (1991 Fan Club Label) Taflen eiriau

Y Band   Meic Stevens, Gtr/Llais
George Sweetnam, Bâs
Dennis Elliot, Drymiau
Bernie Holland, Gtr Drydan
Michael Snow, Piano/Organ
Chris Taylor, Ffliwt
Dewahan Motihar, Sitar
Keshav Sathe, Tabla
Wally 'Sosban' Jones, Banjo
John Vanderyck, Fiolin
Ian Samwell, Telyn Cymraeg

Y Caneuon
Ochr 1
1) **'Rowena'** (Stevens) h. Lupus Music
2) **'Love owed'** (Stevens) h. Lupus Music
3) **'Left over time'** (Stevens) h. Lupus Music
4) **'Lying to myself'** (Stevens) h. Lupus Music
5) **'The Sailor and the Madonna'** (Stevens) h. Lupus Music
6) **'Oxblood'** (Stevens) h. Lupus Music

Ochr 2
1) **'Yorric'** (Stevens) h. Lupus Music
2) **'Midnight Comes'** (Stevens) h. Lupus Music
3) **'Ghost Town'** (Stevens) h. Lupus Music
4) **'Dau Rosyn Coch'** (Traddodiadol)
5) **'Ballad of old Joe Blind'** (Stevens) h. Lupus Music

'DISC A DAWN'
Cyhoeddwyd 1970
Recordiwyd Stiwdio 1, B.B.C., Llandaf, Caerdydd
Label B.B.C. Records (REC 65M) LP

Y Band   Ted Boyce, Piano
Derek Boote, Bâs
John Tyler, Drymiau
Meic Stevens, Gtr/Llais

Y Caneuon
1) **'Nid y fi yw'r un i ofyn pam'** (Stevens)
   h. Lupus Music
2) **'Dwyn y Lein'** (Stevens/Dyfed Glyn Jones)
   h. Lupus Music

Cyfrannodd Meic ddwy gân i'r casgliad yma o oreuon y gyfres pop 'Disc a Dawn' (B.B.C. Cymru)

'GWYMON'

Cyhoeddwyd Gorffennaf 1972
Recordiwyd Mehefin 1972, Stiwdio Central Sound, Denmark St, Llundain
Cynhyrchydd Meic Stevens
Peiriannydd Freddy Windrose
Label Recordiau'r Dryw (WRL 536) LP/Casét Mono
Ailgyhoeddwyd 1990 ar label Casetiau Pentan (casét yn unig).

Y Band Meic Stevens, Gtr/Llais
Graham, Drymiau
Andy, Bâs
Peter Swales, Llif/Llais Cefndir

Y Caneuon

Ochr 1
1) **'Shw' mae? Shw' mae?'** (Stevens) h. Sain
2) **'Brenin y nos'** (Stevens) h. Sain
3) **'Cura dy law'** (Stevens) h. Sain
4) **'Traeth Anobaith'** (Stevens/Endaf Emlyn) h. Sain
5) **'O mor lân yr oedd y dŵr'** (Stevens) h. Sain
6) **'Galarnad** (Stevens/Tradd. Geiriau o Lyfr Jeremiah) h. Sain

Ochr 2
1) **'Merch o'r ffatri wlân'** (Stevens) h. Sain
2) **'Gwely gwag'** (Stevens) h. Sain
3) **'Mynd i weld y byd** (Stevens) h. Sain
4) **'Daeth neb yn ôl'** (Stevens) h. Sain
5) **'Carangarw'** (Stevens) h. Sain
6) **'Mae'r eliffant yn cofio popeth** (Stevens) h. Sain

'MEIC A'R BARA MENYN'

Cyhoeddwyd 1973
Recordiwyd Amryw
Cynhyrchydd Amryw
Label Casetiau'r Dryw (WRC 702) Casét yn unig. Mono

Y Caneuon

Ochr 1
1) **'Cân Walter'** (Stevens) gan Meic Stevens. h. Lupus Music
2) **'Gwylan'** (Stevens) gan y Bara Menyn. h. Lupus Music
3) **'Rhedaf i'r mynydd'** (Stevens/Jarman) gan Meic Stevens. h. Lupus Music
4) **'Lan a lawr'** (Stevens) gan Meic Stevens. h. Lupus Music
5) **'Disgwyl am dy gariad'** (Stevens/Jarman) gan Y Bara Menyn. h. Lupus Music

Ochr 2
1) **'Mwg'** (Stevens/Jarman) gan Meic Stevens. h. Lupus Music
2) **'Rhywbeth gwell i ddod'** (Stevens/Jarman) gan Y Bara Menyn. h. Lupus Music
3) **'Ble mae'r bore'** (Stevens) gan Meic Stevens. h. Lupus Music
4) **'Glaw yn y dail'** (Stevens) gan Meic Stevens. h. Lupus Music
5) **'Din'uwch lan'** (Stevens/Jarman) gan Y Bara Menyn. h. Lupus Music
6) **'Tyrd i lawr trwy'r ogof'** (Stevens/Jarman) gan Meic Stevens. h. Lupus Music

'LLEISIAU'

Cyhoeddwyd Hydref 1975
Recordiwyd 1975 Theatr Gwynedd Bangor
Cynhyrchydd Eurof Williams
Label Adfer (ADF 1)

Y Band Meic Stevens, Llais/Gtr
Alan Jenkins, Banjo
Laurie Jenkins, Dobro

Y Caneuon

1) **'Santiana'** (Tradd/Trefniant Stevens) Solva Music
2) **'Dic Penderyn'** (Stevens) h. Sain

(Cyfraniadau Meic tuag at record hir Adfer)

Band Gwymon

'GOG'

Cyhoeddwyd 1977
Recordiwyd Y Gaeaf 1976-77, Stiwdio Sain, Llandwrog
Cynhyrchydd Meic Stevens
Label Sain 1065M LP/Casét

Y Band Meic Stevens, Gtr, dwlsmer, synth, drymiau
Ronnie Agate, Drymiau
Andy Boggey, Bâs
Hefin Elis, Organ, Piano, Synth
Caryl Parry Jones, Llais cefndir
Sioned Mair, Llais cefndir

Y Caneuon

Ochr 1
1) 'Rue St Michel' (Stevens) h. Sain
2) 'Gwenllian' (Stevens) h. Sain
3) 'Dai dall' (Stevens) h. Sain
4) 'Menyw yn y ffenestr' (Stevens) h. Sain
5) 'Y Crwydryn a mi' (Stevens) h. Sain

Ochr 2
1) 'Dim ond cysgodion' (Stevens) h. Sain
2) 'Cwm y pren helyg' (Stevens) h. Lupus Music
3) 'Cwm Llwm' (Stevens) h. Sain
4) 'Douarnenez' (Stevens) h. Sain
5) 'Mae'r nos wedi dod i ben' (Stevens) h. Sain

Noson wobrwyo 'Sgrech'

'CANEUON CYNNAR MEIC STEVENS: RHIF 1'

Cyhoeddwyd Awst 1979
Recordiwyd Ebrill 1979, Stiwdio B.B.C. Stacey Rd, Caerdydd
Cynhyrchydd Meic Stevens
Label Recordiau Tic Toc (TTL PO1) LP

* Ailryddhawyd gan Sain ar gasét yn unig yn 1991. Sain (C485G) Taflen wybodaeth gan Geraint Jarman.

Y Band   Meic Stevens, Llais, Gtr
John Roberts, Sacs Tenor
Arran Ahmun, Drymiau
Noddy Gape, Bâs
Richard Dunn, Allweddellau
Heather Jones, Llais Cefndir

Y Caneuon

Ochr 1
1) **'Tryweryn'** (Stevens) h. Lupus Music
2) **'Mwg'** (Stevens/Jarman) h. Lupus Music
3) **'Yr Eryr a'r Golomen'** (Stevens/Gwynfryn) h. Lupus Music
4) **'Tyrd i lawr trwy'r ogof** (Stevens/Jarman) h. Lupus Music
5) **'Heddiw Ddoe a Fory'** (Stevens/Gwynfryn) h. Lupus Music

Ochr 2
1) **'Lan a lawr'** (Stevens) h. Lupus Music
2) **'Nid y fi yw'r un i ofyn pam'** (Stevens/Jarman) h. Lupus Music
3) **'Merch o'r ffatri wlân'** (Stevens) h. Sain
4) **'Gwely gwag'** (Stevens) h. Sain
5) **'Cân Walter'** (Stevens) h. Lupus Music

'CIDER GLIDER' 'THE FARHAM SESSIONS'

Cyhoeddwyd 1981
Recordiwyd Jacobs Studios, Farnham, Surrey
Cynhyrchydd Meic Stevens
Peiriannydd Ken Thomas
Label Tic Toc (002) Casét yn unig yn Llydaw

Y Band   Meic Stevens, Gtr/llais
Graham Williams, Gtr Flaen
Ray Ennis, Gtr Rhythm
Peter Hurley, Bâs
Dodo Wilding, Drymiau
Tony Lambert, Allweddellau
John Roberts, Sacs Tenor
George Kahn, Sacs Tenor
Heather Jones a Sioned Mair, Lleisiau Cefndir

Y Caneuon

Ochr 1
1) **'Red eyed morning'** (Stevens) h. Solva Music
2) **'Rue St Michel** (Stevens) h. Solva Music
3) **'Railroad'** (Stevens) h. Lupus Music
4) **'One day while in the Desert'** h. splf Solva Music
5) **'Fat into the frying pan'** (Stevens) Solva Music

Ochr 2
1) **'Only a shadow'** (Stevens) Solva Music
2) **'Bitch'** (Stevens) Solva Music
3) **'Victor** (Stevens) Solva Music
4) **'Song of sadness'** (Stevens) Lupus Music
5) **'Take you're lady to the country'** (Stevens) Solva Music

'TWRW TANLLYD'

Cyhoeddwyd 1981
Recordiwyd Twrw Tanllyd, Eisteddfod Genedlaethol Dyffryn Lliw 1980
Cynhyrchydd Hefin Elis a Bryn Jones
Label Sain 1201 H. LP/Casét

Y Band Meic Stevens, Gtr/Llais
Lyn Phillips, Organ Geg
Graham Williams, Gtr Flaen
Ray Ennis, Gtr Rhythm
Peter Hurley, Bâs
Dodo Wilding, Drymiau

Y Caneuon

1) 'Y Crwydryn a Mi' (Stevens) h. Sain

Recordiwyd un gân gan Meic Stevens a'r Cadillacs yn fyw o lwyfan Twrw Tanllyd, Eisteddfod Genedlaethol Dyffryn Lliw.

'GORAU SGRECH, SGRECHIAN CORWEN'

Cyhoeddwyd 1982
Cynhyrchydd Pafiliwn Corwen, Ionawr 23, 1982. Simon Tasdonno.
Label Ty Gwyn TG001S. Poster tu mewn i'r L.P.

Y Band Meic Stevens, Llais, Gtr, Harmonica

Y Gân Rue St Michel (Stevens) h. Sain

Un gân gan Meic o Noson Wobrwyo Sgrech 1982.

'NOS DU NOS DA'

Cyhoeddwyd 1982
Recordiwyd Mawrth 1982, Stiwdio Sain, Llandwrog
Cynhyrchydd Meic Stevens
Peiriannydd Eryl Davies
Label Sain 1239M LP/Casét

Y Band Patrice Mazin, Gtr
Anthony Griffiths, Gtr
Graham Land, Drymiau
Marc Jones, Bâs
Ian Strachan, Bozouki
Meic, Organ Gêg, Gtr, Llais

Y Caneuon

Ochr 1
1) 'Y Meirw Byw' (Stevens) h. Sain
2) 'Dyna'r ffordd i fyw' (Stevens) h. Sain
3) 'Bobby Sands' (Stevens) h. Sain
4) 'Y paentiwr coch' (Stevens) h. Sain
5) 'Môr o gariad' (Stevens) h. Sain
6) 'Capel Bronwen' (Stevens) h. Sain

Ochr 2
1) 'Cegin dawdd y cythraul' (Stevens) h. Sain
2) 'Dic Penderyn' (Stevens) h. Sain
3) 'Saith Seren' (Stevens) h. Sain
4) 'Bethan mewn cwsg' (Stevens) h. Sain
5) 'Nos du nos da' (Stevens) h. Sain

'LAPIS LAZULI'

Cyhoeddwyd 1983
Recordiwyd Mawrth 1983 Stiwdio Sain
Cynhyrchydd Meic Stevens a Bryn Jones
Peiriannydd Eryl Davies
Label Sain 1312 M LP/Casét. Taflen eiriau.

Y Band   Graham Williams, Gtr Drydan
Pete Hurley, Bas
Tony Lambert, Piano, synth, accordion
Meic Stevens, Gtr acwstig, Llais

Y Caneuon

Ochr 1
1) 'Yn y prynhawn' (Stevens) h. Sain
2) 'Lawr ar y gwaelod' (Stevens) h. Sain
3) 'Lapis Lazuli' (Stevens) h. Sain
4) 'Gwen, Gwen, Gwenu' (Stevens) h. Sain
5) 'Sylvia' (Stevens) h. Sain

Ochr 2
1) 'Siwsi'n galw' (Stevens) h. Sain
2) 'Erwan' (Stevens) h. Sain
3) 'Glas yw lliw y gem' (Jackson h. Frank/Meic Stevens) h. Sain
4) 'Noson oer Nadolig' (Stevens) h. Sain
5) 'Y gair ola' (Stevens) h. Sain

'GITÂR YN Y TWLL DAN STÂR'

Cyhoeddwyd 1983
Recordiwyd Mawrth 1983 Stiwdio Sain
Cynhyrchydd Meic Stevens
Peiriannydd Eryl Davies
Label Sain 1273M LP/Casét. Taflen eiriau.

Y Band   Meredydd Morris, Gtr Trydan
Marc Jones, Bâs
Marc Williams, Drymiau
Meic Stevens, Gtr, Llais
Mari Llwyd, Llais Cefndir
Menna Medi, Llais Cefndir
Siws Slade, Llais Cefndir

Y Caneuon

Ochr 1
1) 'Dwi eisiau dawnsio' (Stevens) h. Sain
2) 'Arglwydd Penrhyn' (Stevens) h. Sain
3) 'Perygl yn y fro' (Stevens) h. Sain
4) 'Cyllell drwy'r galon' (Stevens) h. Sain
5) 'Ysbryd Solfa' (Stevens) h. Sain

Ochr 2
1) 'Mynd i ffwrdd fel hyn' (Stevens) h. Sain
2) 'Aros yma heno' (Stevens) h. Sain
3) 'Dociau llwyd Caerdydd' (Stevens) h. Sain
4) 'Storom' (Stevens) h. Sain
5) 'Sdim eisiau dweud ffarwel' (Stevens) h. Sain

'GWIN A MWG A MERCHED DRWG'

Cyhoeddwyd 1987
Recordiwyd Stiwdio Sain
Cynhyrchydd Meic Stevens a Bryn Jones
Peiriannydd Eryl Davies
Label Sain C608 N. Casét yn unig

Y Band   Meic, Gtr Acwstig, organ geg, llais
Barry Davies, Drymiau
Dudley Phillips, Bâs
Brian Godding, Gtr Drydan
Steve Franklin, Allweddellau
Chris Senior, Allweddellau
Rona, Llais Cefndir
Sian, Llais Cefndir

Y Caneuon

Ochr 1
1) **'Victor Parker'** (Stevens) h. Sain
2) **'Timothy Davey'** (Stevens) h. Sain
3) **'Joshua'** (Stevens) h. Sain
4) **'Ar y mynydd'** (Stevens) h. Sain
5) **'Fwdw'** (Stevens) h. Sain

Ochr 2
1) **'Parti Gwyllt'** (Stevens) h. Sain
2) **'John Burnett'** (Stevens) h. Sain
3) **'Mona Lisa'** (Stevens) h. Sain
4) **'Y Clown'** (Stevens) h. Sain
5) **'Diwedd y gân'** (Stevens) h. Sain

'BYWYD AC ANGAU'/ 'LIFE AND DEATH'

Cyhoeddwyd Mai 1989
Recordiwyd Ebrill 1989, Stiwdio Fflach, Aberteifi
Cynhyrchydd Meic Stevens
Label Fflach C052 D Casét/Promo LP yn unig

Y Band   Meic Stevens, Gtr/Llais
Fran Batin, Button Melodeon
Dave Reed, Bâs
Marc Williams, Bâs
Guy Davies, Allweddellau
Linda Game, Fiolin

Y Caneuon

Ochr 1
1) **'Uncle Victor'** (Stevens) h. Solva Music
2) **'Ghosts of Solfa'** (Stevens) h. Solva Music
3) **'The Clown in the alley'** (Stevens) h. Lupus Music
4) **'Distawrwydd yr anialwch'** (Stevens) h. Mwldan
5a) **'Machynlleth'** (Tradd/Trefniant Stevens)
5b) **'Tŷ Coch Caerdydd'** (Stevens) h. Mwldan
6) **'Dyffryn Rhyfedd'** (Stevens) h. Mwldan

Ochr 2
1) **'Sailors Song'** (Tradd/Trefniant Stevens)
2) **'Takes a Country Boy to Sing a Country Song'** (Stevens) h. Mwldan
3) **'Still Waters'** (Stevens) h. Mwldan
4) **'Redawa Polka'** (Tradd/Trefniant Stevens)
4b) **'Y Derwydd'** (Tradd/Trefniant Stevens)
4c) **'Pib Ddawns Gwŷr Wrecsam'** (Tradd/Trefniant Stevens)
5) **'Pretty Polly'** (Tradd/Trefniant Meic Stevens)
6) **'The Mary Whitehouse Song'** (Stevens) h. Mwldan

'CÂN I GYMRU 91'

Cyhoeddwyd Mai 1991
Recordiwyd Stiwdio Sain, Llandwrog
Cynhyrchydd Hefin Elis
Peiriannydd Eryl Davies
Label Sain (C469A) Casét yn unig

Y Band   Meic Stevens, Llais/Gtr
Fran Batin, Button Melodeon
Dylan Edwards, Drymiau
Jackie Williams, Llais Cefndir
Marc Williams, Bâs

Y Gân

'Rhosyn yr anialwch' (Stevens/Alan Jenkins)
Solva Music

(Nid yr un fersiwn sydd ar 'Whare'n Noeth')

'WHARE'N NOETH'

Cyhoeddwyd 1991
Recordiwyd 1991, Stiwdio Les, Bethesda
Cynhyrchydd Meic Stevens
Peiriannydd Les Morrison
Label Label Preifat Meic. Casét yn unig

Y Band Edwin Humphreys, Trombôn Tenor a Sacs
Dylan Edwards, Drymiau
Marc Jones, Bâs
John Doyle, Gtr
Hefin Huws, Drymiau
Meic Stevens, Gtr a Llais
Jackie Williams, Llais Cefndir
Jane Fewtrell, Llais Cefndir
Les Morrison, Banjo
Dave Stephen, Gtr
gyda Côr y Kings Head, Bethesda

Y Caneuon

Ochr 1
1) **'Whare'n Noeth'** (Stevens/Ubert Felix Thiefaine) h. Solva Music
2) **'Rhosyn yr anialwch'** (Stevens/Alan Jenkins) h. Hughes a'i Fab
3) **'Hiraeth Bregus'** (Stevens/Ubert Felix Thiefaine) h. Solva Music
4) **'Sandoz yn Loudon Square'** (Stevens/Ubert Felix Thiefaine) h. Solva Music

Ochr 2
1) **'Y Crymych Trip'** (Stevens) Solva Music
2) **'Tywyllwch'** (Stevens) Solva Music
3) **'Llygad Llwyd'** (Stevens) Solva Music
4) **'Helo Mrs Jones'** (Stevens) Solva Music
5) **'Cathy'** (Stevens) Solva Music

'WHARE'N NOETH'
(BIBOPALWLA'R DELYN AUR)

Cyhoeddwyd Awst 1991
Recordiwyd Mehefin 1991, Stiwdio Les, Bethesda
Cynhyrchydd Les Morrison
Label Sain (SCD 4088) C.D./Casét

Y Band
Edwin Humphreys, Trombôn Tenor a Sacs
Dylan Edwards, Drymiau
Marc Jones, Bâs
John Doyle, Gtr
Hefin Huws, Drymiau
Meic Stevens, Gtr a Llais
Jackie Williams, Llais Cefndir
Jane Fewtrell, Llais Cefndir
Les Morrison, Banjo
Dave Stephen, Gtr
gyda Côr y Kings Head, Bethesda

Y Caneuon
1) **'Whare'n Noeth'** (Stevens/Ubert Felix Thiefaine) h. Solva Music
2) **'Rhosyn yr Anialwch'** (Stevens/Alan Jenkins) h. Hughes a'i Fab
3) **'Hiraeth Bregus'** (Stevens/Ubert Felix Thiefaine) h. Solva Music
4) **'Sandoz yn Loudon Square'** (Stevens/Ubert Felix Thiefaine) h. Solva Music
5) **'Tân neu Haf'** (Stevens) h. Solva Music
6) **'Wedi bwrw 'i blwc'** (Stevens) h. Sain
7) **'Yr Incredibyl Seicedelic Siliseibyn Trip i Grymych'** (Stevens) Solva Music
8) **'Tywyllwch'** (Stevens) h. Solva Music
9) **'Llygaid Llwyd'** (Stevens) h. Solva Music
10) **'Helo Mrs Jones'** (Stevens) h. Solva Music
11) **'Bipopalwla'r Delyn Aur'** (Cathy) (Stevens) h. Solva Music
12) **'Dewch Lawr'** (Stevens) h. Sain

'DIM OND CYSGODION'/
'Y BALEDI'

Cyhoeddwyd Gaeaf 1992
Recordiwyd 1971-91
Cynhyrchydd Meic Stevens/Les Morrison
Label Sain (SCD 2001) C.D./Tâp

Y Caneuon
1) **'Dim ond cysgodion'** (Stevens) h. Sain
2) **'Y Peintiwr Coch'** (Stevens) h. Sain
3) **'Sandoz yn Loudon Square'** (Stevens/Ubert Felix Thiefaine) h. Solva Music
4) **'Erwan'** (Stevens) h. Sain
5) **'Ysbryd Solfa'** (Stevens) h. Sain
6) **'Gwenllian'** (Stevens) h. Sain
7) **'Môr o Gariad'** (Stevens) h. Sain
8) **'Noson Oer Nadolig'** (Stevens) h. Sain
9) **'Capel Bronwen'** (Stevens) h. Sain
10) **'Tywyllwch'** (Stevens) h. Solva Music
11) **'Breuddwydion'** (Stevens) h. Solva Music
12) **'Bobby Sands'** (Stevens) h. Sain
13) **'Cwm Llwm'** (Stevens) h. Sain
14) **'Dic Penderyn'** (Stevens) h. Sain
15) **'Rhyddid Ffug'** (Stevens) h. Solva Music
16) **'Y Meirw Byw'** (Stevens) h. Sain
17) **'Ar y Mynydd'** (Stevens) h. Sain
18) **'Hiraeth Bregus'** (Stevens/Ubert Felix Thiefaine) h. Solva Music
19) **'Bethan mewn cwsg'** (Stevens) h. Sain

'CÂN I GYMRU 93'

Cyhoeddwyd Mai 93
Recordiwyd Ebrill 93
Cynhyrchydd Meic Stevens
Label Sain (C2045A) Casét yn unig

Y Band
Meic Stevens, Gtr/Llais
Arran Ahmun, Drymiau
Richard Dunn, Allweddellau
Bernie Holland, Gtr
Lisa Jarman, Llais Cefndir
Heather Jones, Llais Cefndir
Marc Jones, Bâs

Y Gân

'Yr Eglwys ar y Cei' (Stevens) h. Sain (Fersiwn gwahanol i'r fersiwn ar 'Er cof am Blant y Cwm)

'ER COF AM BLANT Y CWM'

Cyhoeddwyd 1993
Recordiwyd Ionawr 4-20, 1993
Cynhyrchydd Meic Stevens
Peiriannydd Eryl Davies a Les Morrison
Label Crai (CD 036) CD a Casét

Y Band
Meic Stevens, Llais/Gtr
Paula Gardiner, Bâs dwbl
Marc Jones, Bâs
Bernie Holland, Gtr
Chris Mee, Gtr
Brian Breeze, Gtr
Richard Dunn, Allweddellau
Pwyll ap Sion, Allweddellau
Arran Ahmun, Drymiau
Paul Henchmough, Drymiau
Heather Jones, Llais Cefndir
Lisa Jarman, Llais Cefndir

Y Caneuon

1) 'Er cof am Blant y Cwm' (Stevens) h. Sain
2) 'Yr Eglwys ar y Cei' (Stevens) h. Sain
3) 'Tafarn Elfed' (Stevens) h. Sain
4) 'Sabots Bernie' (Bernie Holland) h. Sain
5) 'Morwen y Medd' (Stevens) h. Sain
6) 'Yfory y Plant' (Stevens) h. Sain
7) 'Angau Opera Ffug y Clon' (Stevens) h. Sain
8) 'Rhy hwyr (mae gen i gariad)' (Stevens) h. Sain
9) 'Bwda Bernie' (Bernie Holland) h. Sain
10) 'Brenin y Bop' (Stevens) h. Sain
11) 'Iraq' (Stevens/Holland) h. Sain

D.S. Mae caneuon Meic yn troi lan ar ambell i gasgliad fel 'Gorau Sain 1' 'Gorau Sain 2' ac yn y blaen. Rydw i wedi penderfynu cadw'r rhain allan o'r discograffeg oherwydd bod y fersiynau sydd ar y recordiau hyn yn gwmws yr un peth ag sydd ar y recordiau gwreiddiol. Mae Meic hefyd wedi cyfansoddi i artistiaid eraill megis Y Diliau yn canu 'Tân neu Haf', Heather Jones yn canu fersiwn Gymraeg o 'Blue Sleep' o dan y teitl 'Rhaid dihuno cariad' a Heather unwaith eto gyda 'Cân y Bugail', 'Cân o dristwch' a 'Hiraeth bregus'.

Lluniau'r Cordiau Gitâr

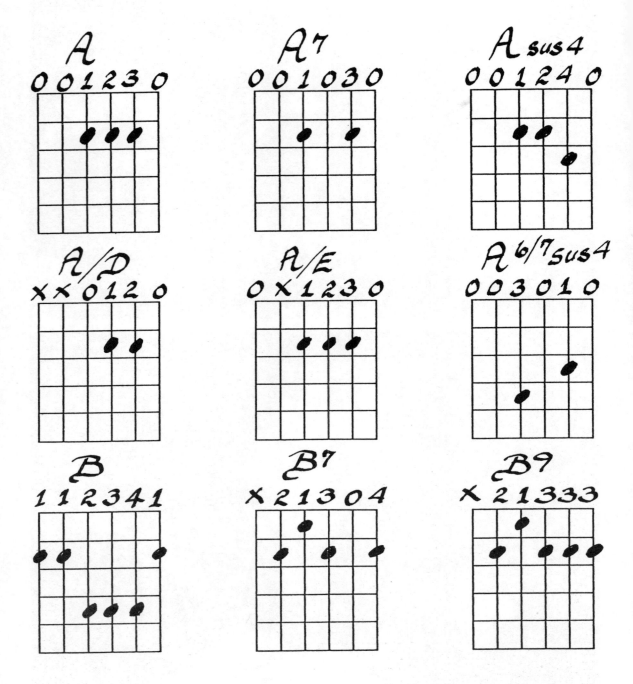

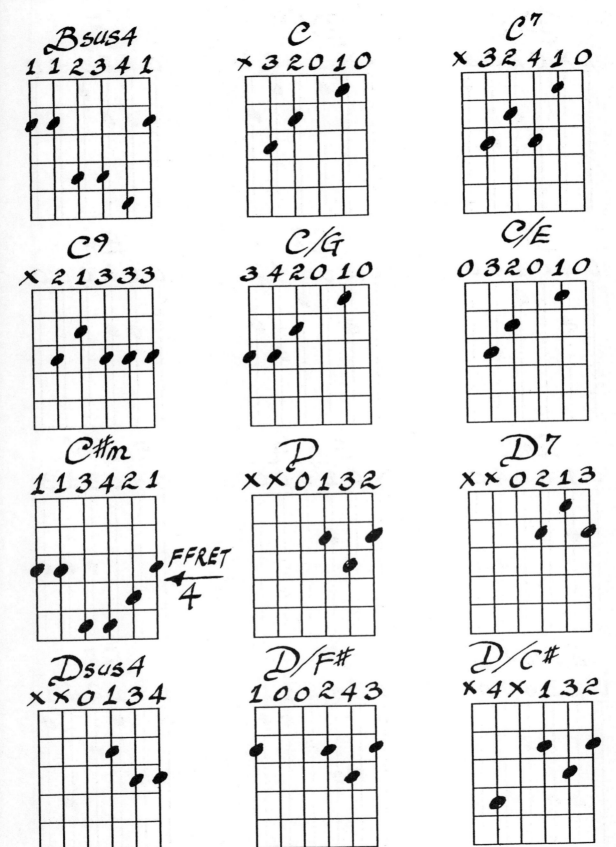

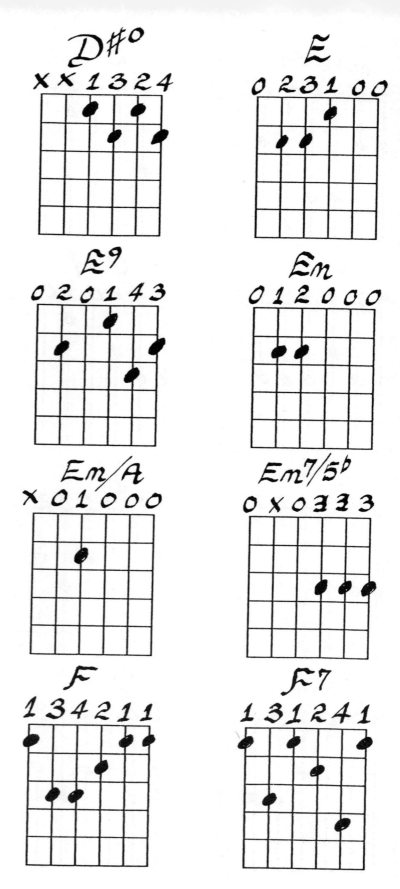

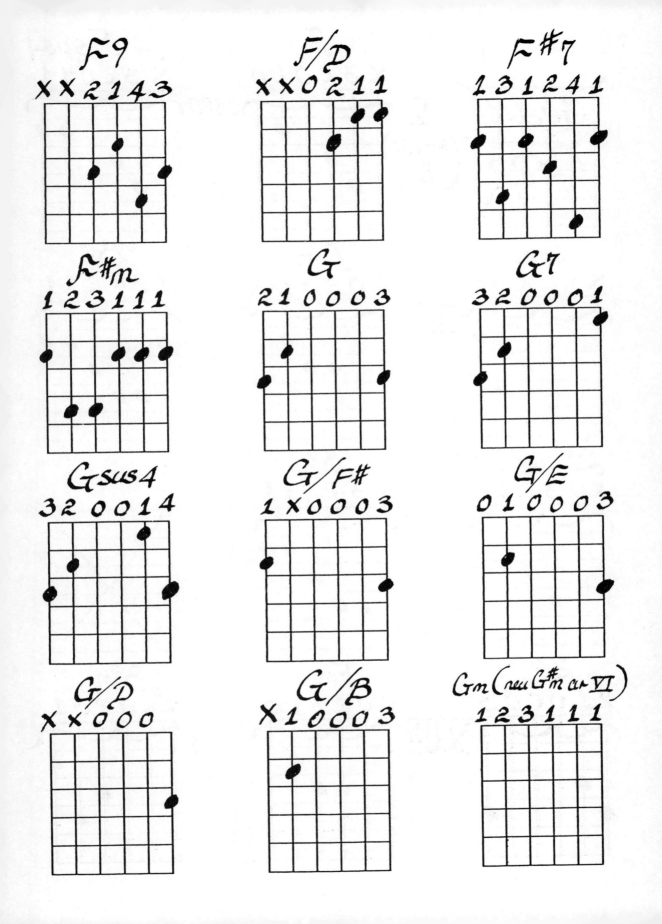

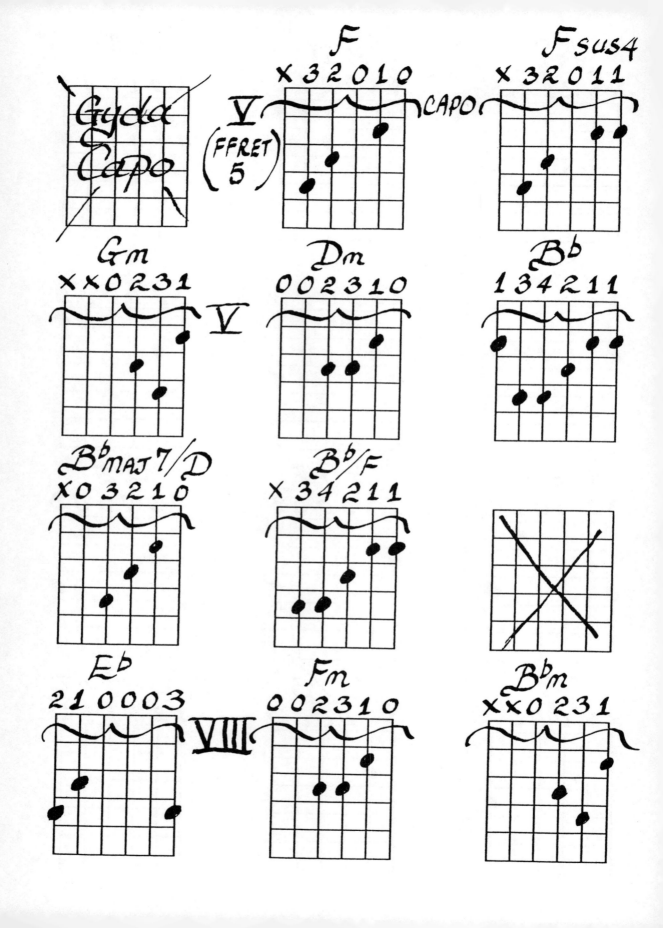

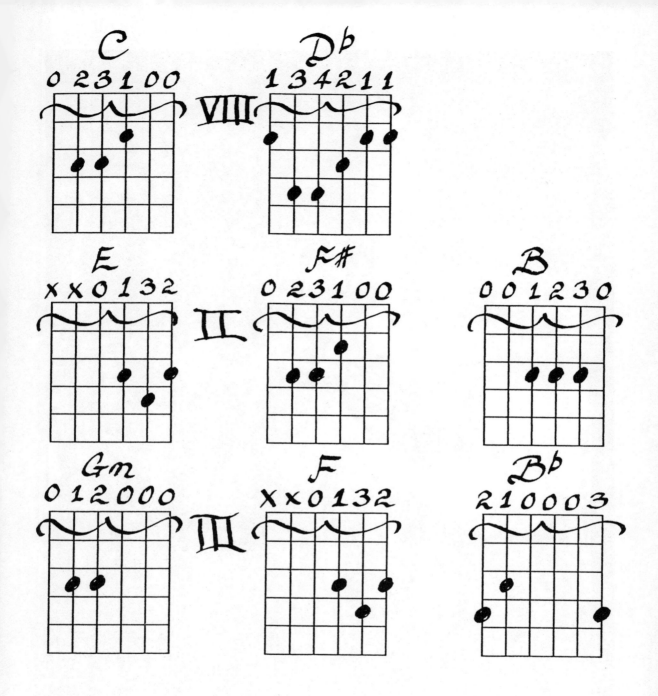